Traduzidos dos respectivos originais, com introduções e notas explicativas, esta colecção põe o leitor em contacto com textos marcantes da história da filosofia.

1. *Crítica da Razão Prática,* Immanuel Kant
2. *Investigação sobre o Entendimento Humano,* David Hume
3. *Crepúsculo dos Ídolos,* Friedrich Nietzsche
4. *Discurso de Metafísica,* Immanuel Kant
5. *Os Progressos da Metafísica,* Immanuel Kant
6. *Regras para a Direcção do Espírito,* René Descartes
7. *Fundamentação da Metafísica dos Costumes,* Immanuel Kant
8. *A Ideia da Fenomenologia,* Edmund Husserl
9. *Discurso do Método,* René Descartes
10. *Ponto de Vista Explicativo da Minha Obra de Escritor,* Sören Kierkegaard
11. *A Filosofia na Idade Trágica dos Gregos,* Friedrich Nietzsche
12. *Carta sobre a Tolerância,* John Locke
13. *Prolegómenos a Toda a Metafísica Futura,* Immanuel Kant
14. *Tratado da Reforma do Entendimento,* Bento de Espinosa
15. *Simbolismo: Seu Significado e Efeito,* Alfred North Withehead
16. *Ensaio sobre os Dados Imediatos da Consciência,* Henri Bergson
17. *Enciclopédia das Ciência Filosóficas em Epítome (Vol. I),* Georg Wilhelm Friedrich Hegel
18. *A Paz Perpétua e Outros Opúsculos,* Immanuel Kant
19. *Diálogo sobre a Felicidade,* Santo Agostinho
20. *Princípios da Filosofia do Futuro,* Ludwig Feuerbach
21. *Enciclopédia das Ciência Filosóficas em Epítome (Vol. II),* Georg Wilhelm Friedrich Hegel
22. *Manuscritos Económico-Filosóficos,* Karl Marx
23. *Propedêutica Filosófica,* Georg Wilhelm Friedrich Hegel
24. *O Anticristo,* Friedrich Nietzsche
25. *Discurso sobre a Dignidade do Homem,* Giovanni Pico della Mirandola
26. *Ecce Homo,* Friedrich Nietzsche
27. *O Materialismo Racional,* Gaston Bachelard
28. *Princípios Metafísicos da Ciência da Natureza,* Immanuel Kant
29. *Diálogo de um Filósofo Cristão e de um Filósofo Chinês,* Nicholas Malebranche
30. *O Sistema da Vida Ética,* Georg Wilhelm Friedrich Hegel
31. *Introdução à História da Filosofia,* Georg Wilhelm Friedrich Hegel
32. *As Conferências de Paris,* Edmund Husserl
33. *Teoria das Concepções do Mundo,* Wilhelm Dilthey
34. *A Religião nos Limites da Simples Razão,* Immanuel Kant
35. *Enciclopédia das Ciência Filosóficas em Epítome (Vol. III),* Georg Wilhelm Friedrich Hegel
36. *Investigações Filosóficas sobre a Essência da Liberdade Humana,* F. W. J. Schelling
37. *O Conflito das Faculdades,* Immanuel Kant
38. *Morte e Sobrevivência,* Max Scheler
39. *A Razão na História,* Georg Wilhelm Friedrich Hegel
40. *O Novo Espírito Científico,* Gaston Bachelard
41. *Sobre a Metafísica do Ser no Tempo,* Henrique de Gand
42. *Princípios de Filosofia,* René Descartes
43. *Tratado do Primeiro Princípio,* João Duns Escoto
44. *Ensaio sobre a Verdadeira Origem, Extensão e Fim do Governo Civil,* John Locke
45. *A Unidade do Intelecto contra os Averroístas,* São Tomás de Aquino

46. *A Guerra e A Queixa da Paz,* Erasmo de Roterdão
47. *Lições sobre a Vocação do Sábio,* Johann Gottlieb Fichte
48. *Dos Deveres (De Officiis),* Cícero
49. *Da Alma (De Anima),* Aristóteles
50. *A Evolução Criadora,* Henri Bergson
51. *Psicologia e Compreensão,* Wilhelm Dilthey
52. *Deus e a Filosofia,* Étienne Gilson
53. *Metafísica dos Costumes, Parte I, Princípios Metafísicos da Doutrina do Direito,* Immanuel Kant
54. *Metafísica dos Costumes, Parte II, Princípios Metafísicos da Doutrina da Virtude,* Immanuel Kant
55. *Leis. Vol. I,* Platão
58. *Diálogos sobre a Religião Natural,* David Hume
59. *Sobre a Liberdade,* John Stuart Mill
60. *Dois Tratados do Governo Civil,* John Locke
61. *Os Problemas da Filosofia,* Bertrand Russell

Prolegómenos a Toda a Metafísica Futura

TÍTULO ORIGINAL
Prolegomena zu einer jeden künftigen Metaphysik

TRADUÇÃO
Artur Morão

CAPA
FBA

DEPÓSITO LEGAL 280960/08

IMPRESSÃO E ACABAMENTO
DPS - DIGITAL PRINTING SERVICES, LDA
para
EDIÇÕES 70, LDA.
Julho de 2020

ISBN:978-972-44-1534-5
ISBN da 1ª Edição: 972-44-0582-6

Edições 70, Lda.
LEAP CENTER – Espaço Amoreiras
Rua D. João V, n.º 24, 1.03
1250-091 Lisboa – Portugal
Telefs.: 213190240 – Fax: 213190249
email: geral@edicoes70.pt

www.edicoes70.pt

Immanuel Kant

Prolegómenos a Toda a Metafísica Futura

Que Queira Apresentar-se como Ciência

ADVERTÊNCIA DO TRADUTOR

O texto utilizado para a presente tradução foi o da edição de W. Weischedel, Insel Verlag, Wiesbaden 1958, Wissenschaftliche Buchgesellschaft, Darmstadt 1975 (reimpressão), adoptando-se, no entanto, algumas das variantes da edição da Academia Prussiana das Ciências. A tradução segue de muito perto o tom e o sabor originais, procurando conservar a difícil tessitura do discurso kantiano, com seus parênteses, os longos e enredados períodos, o seu estilo pouco maleável.

No final do volume apresenta-se um glossário dos principais termos kantianos que emergem na obra, com a sua versão uniformemente utilizada. As barras que aparecem no meio do texto assinalam as páginas da edição alemã original de 1783.

INTRODUÇÃO

/[3] Estes prolegómenos não são para uso dos principiantes, mas dos futuros docentes, e não devem também servir-lhes para ordenar a exposição de uma ciência já existente, mas, acima de tudo, para inventar essa mesma ciência.

Há letrados para quem a história da filosofia (tanto antiga como moderna) é a sua própria filosofia; os presentes prolegómenos não são escritos para eles. Deverão aguardar que os que se esforçam por beber nas fontes da própria razão tenham terminado a sua tarefa, e será então a sua vez de informar o mundo do que se fez. Mas, na sua opinião, /[4] nada pode ser dito que já o não tenha sido e isto, na realidade, pode também convir como uma predição infalível a toda a obra futura; pois, visto que o entendimento humano divagou durante muitos séculos de múltiplas maneiras sobre inumeráveis objectos, nada é mais fácil do que encontrar para toda a novidade uma obra antiga que com ela tenha alguma semelhança.

/ A 3, 4

A minha intenção é convencer todos os que crêem na utilidade de se ocuparem de metafísica de que lhes é absolutamente necessário interromper o seu trabalho, considerar como inexistente tudo o que se fez até agora e levantar antes de tudo a questão: «de se uma coisa como a metafísica é simplesmente possível».

Se é uma ciência, como se explica que ela não possa, como as outras ciências, obter uma aprovação geral e duradoira? Se o não é, como se explica que ela, no entanto, se vanglorie incessantemente sob a aparência de uma ciência e mantenha em suspenso o entendimento humano com esperanças jamais extintas, nunca realizadas? Pode, pois, demonstrar-se o seu saber ou a sua ignorância, importa, porém, por uma vez, assegurar-se da natureza desta pretensa ciência; com efeito, /[5] é impossível permanecer com ela mais tempo nesse mesmo plano. Parece quase ridículo que, enquanto todas as outras ciências progridem continuamente, ela ande constantemente às voltas no mesmo lugar, sem avançar um passo, ela que quer ser a própria sabedoria e cujos oráculos todos os homens consultam. Também os seus adeptos se dispersaram muito e não se vê que aqueles que se sentem suficientemente fortes para brilhar noutras ciências queiram arriscar nesta a sua fama, onde toda a gente, que, aliás, é ignorante em todas as outras coisas, se atribui um juízo decisivo porque, neste campo, não existe na realidade uma medida e um peso seguros para distinguir a profundidade da loquacidade trivial.

Mas, nem sequer é inaudito que, após a longa elaboração de uma ciência, quando se olha maravilhado o progresso já feito, finalmente a alguém ocorra a ideia de se interrogar: se e de que maneira é possível uma tal ciência. Pois, a razão humana sente tanto prazer em construir que já, por diversas vezes, edificou e, em seguida, demoliu a torre para examinar a natureza do seu fundamento. Nunca é demasiado tarde para se tor-

---

/ A[5]

nar /6 racional e sábio; mas, é sempre mais difícil pôr em movimento o discernimento, se ele chega tarde.

Perguntar se uma ciência é possível supõe que se duvida da realidade da mesma. Mas, uma tal dúvida ofende todos aqueles cujos haveres consistem talvez neste pretenso tesouro; e, por conseguinte, aquele que se deixa cair nesta dúvida será sempre objecto de resistência por todos os lados. Alguns, com a consciência orgulhosa da sua posse antiga, considerada legítima precisamente por isso, olhá-lo-ão com desprezo, com os seus compêndios de metafísica na mão; outros, que não se apercebem senão do que se identifica com o que já viram em algum lado, não o compreenderão e, durante algum tempo, tudo permanecerá como se nada tivesse ocorrido que permita recear ou esperar uma transformação próxima.

No entanto, atrevo-me a predizer que o leitor destes Prolegómenos, capaz de pensamento pessoal, não só duvidará da ciência que possuía até agora, mas de todo se convencerá subsequentemente de que semelhante ciência não poderá existir sem que se cumpram as condições aqui expressas, das quais /7 depende a sua possibilidade; e, visto que isso nunca se fez, não temos ainda nenhuma metafísica. Como, porém, a busca dela não desaparecerá (1), porque o interesse da razão universal está nela implicado demasiado intimamente, ele reconhecerá que uma reforma completa, ou antes, um novo nascimento da metafísica, segundo um plano inteiramente desconhecido até agora, se produzirá inevitavelmente, apesar das resistências que, durante algum tempo, se lhe poderão opor.

---

(1) Rusticus exspectat, dum defluat amnis: at ille
Labitur et labetur in omne volubilis aevum. (Horácio)
O camponês espera até o rio correr:
mas ele passa, ondulante, e sempre continuará a correr.

/ A 6, 7

Desde os ensaios de *Locke* e de *Leibniz*, ou antes, desde a origem da metafísica, tanto quanto alcança a sua história, nenhuma ocorrência teve lugar que pudesse ser mais decisiva, a respeito do destino desta ciência, do que o ataque que *David Hume* lhe fez. Ele não trouxe qualquer luz a este tipo de conhecimento, fez, porém, brotar uma centelha com a qual se poderia ter acendido uma luz, se ela tivesse alcançado uma mecha inflamável, cujo brilho teria sido cuidadosamente alimentado e aumentado.

/[8] *Hume* partiu essencialmente de um único, mas importante conceito de metafísica, a saber, *a conexão de causa e efeito* (portanto, também os seus conceitos consecutivos de força e acção, etc.), e intimou a razão, que pretende tê-lo gerado no seu seio, a explicar-lhe com que direito ela pensa que uma coisa pode ser de tal modo constituída que, uma vez posta, se segue necessariamente que uma outra também deva ser posta; pois, é isso o que diz o conceito de causa. Ele provou de modo irrefutável que é absolutamente impossível à razão pensar *a priori* e a partir dos conceitos uma tal relação, porque esta encerra uma necessidade; mas, não é possível conceber como é que, porque algo existe, também uma outra coisa deva existir necessariamente, e como é que *a priori* se pode introduzir o conceito de uma tal conexão. Daí concluía ele que a razão se iludia inteiramente com este conceito, considerando-o falsamente como seu próprio filho, quando nada mais é do que um bastardo da imaginação, a qual, fecundada pela experiência, colocou certas representações sob a lei da associação, fazendo passar uma necessidade subjectiva daí derivada, isto é, um hábito, por uma necessidade objectiva /[9] fundada no conhecimento. Daí tirava a conclusão: a razão não tinha a capacidade de pensar tais conexões, mesmo só em geral, porque então os seus conceitos seriam simples ficções e todos os seus

---

/ A 8, 9

conhecimentos pretensamente *a priori* não eram senão experiências comuns falsamente estampilhadas, o que equivale a dizer que não há, nem pode haver metafísica (1).

Por apressada e inexacta que fosse a sua conclusão, ela fundava-se, no entanto, na investigação e esta investigação merecia que os bons espíritos do seu tempo se tivessem unido /10 para, se possível, resolverem com maior felicidade o problema e no sentido em que ele o propunha; daí haveria de resultar brevemente uma reforma total da ciência.

Só que o destino, desde sempre desfavorável à metafísica, quis que *Hume* não fosse compreendido por ninguém. Não pode ver-se, sem sentir uma certa pena, como os seus adversários *Reid, Oswald, Beattie* e, finalmente, *Priestley,* passaram inteiramente por alto o ponto do problema; e como, ao tomarem sempre por concedido aquilo de que ele duvidava, provaram pelo contrário com violência e, muitas vezes, com grande presunção, aquilo de que nunca lhe ocorrera duvidar; ignoraram de tal modo a sua sugestão a favor de uma melhoria que tudo ficou no estado antigo, como se nada tivesse acontecido. A questão não era se o conceito de causa era exacto, prático, indispensável relati-

---

(1) No entanto, *Hume* dava também o nome de metafísica a esta filosofia destruidora e atribuía-lhe um grande valor. «A metafísica e a moral, diz ele (*Ensaios,* 4.ª parte, p. 214 da trad. alemã), são os ramos mais importantes da ciência; a metemática e a ciência da natureza nem sequer têm metade de tal valor.» Este homem penetrante considerava aqui apenas a utilidade negativa que teria a moderação das pretensões exageradas da razão especulativa, para eliminar totalmente tantas querelas intermináveis e importunas que perturbam o género humano; mas assim, perdeu de vista o dano concreto, que daí resulta, ao serem tiradas à razão as vistas mais importantes, segundo as quais apenas ela pode fixar à vontade o objectivo supremo de todos os seus esforços.

/ A 10

vamente a todo o conhecimento da natureza, coisa de que *Hume* jamais duvidara; mas de se ele era concebido pela razão *a priori* e se, deste modo, possuía uma verdade interna independente de toda a experiência e, por conseguinte, uma utilidade mais ampla, que não se limitasse simplesmente aos objectos da experiência /[11]: era a este respeito que *Hume* aguardava uma informação. Tratava-se apenas da origem desse conceito, não da sua utilidade indispensável: se essa origem estivesse determinada, as condições do seu emprego e o âmbito da sua validade ter-se-iam espontaneamente apresentado.

Os adversários deste homem célebre, porém, para satisfazer a tarefa, deveriam ter penetrado profundamente na natureza da razão na medida em que ela se ocupa simplesmente do pensamento puro, mas isso era-lhes inconveniente. Inventaram, pois, um meio mais cómodo para ostentar arrogância sem nada saber, isto é, apelaram para o *senso comum*. É, de facto, um grande dom do céu possuir um senso recto (ou, como se chamou recentemente, um simples bom senso). Mas deve manifestar-se pelos actos, pelo que se pensa e se diz de reflectido e de racional, não recorrendo a ele como a um oráculo, quando nada de inteligente se sabe aduzir para sua justificação. Quando o discernimento e a ciência declinam, apelar então, e não antes, para o senso comum, eis uma das subtis /[12] invenções dos tempos novos; o mais insípido tagarela pode assim arrostar confiadamente o cérebro mais sólido e resistir-lhe. Mas, enquanto houver ainda um pequeno resto de discernimento, tomar-se-á o cuidado de não recorrer a este expediente. E, visto de mais perto, este apelo não é mais do que uma referência ao juízo da multidão; aprovação de que corará o filósofo, mas o engenho popular triunfa e é arrogante. Eu devia, porém, pensar que *Hume* podia, tanto como *Beattie*, pretender ter um entendimento são e, além disso, o que este último certamente não tinha,

---

/ A 11, 12

uma razão crítica, que mantém nos limites o senso comum para que ele não se perca em altas especulações, ou então, que nada queira decidir quando unicamente destas se fala, porque é incapaz de justificar os seus próprios princípios; pois, só assim permanecerá um entendimento são. O cinzel e o maço podem muito bem servir para trabalhar um pedaço de madeira, mas para gravar em cobre deve utilizar-se o buril. Assim, o entendimento são e o entendimento especulativo são ambos úteis, mas cada um no seu género: aquele, quando se trata de juízos que encontram /13 a sua aplicação imediata na experiência, este, porém, quando se deve julgar em geral, a partir de simples conceitos, por exemplo, na metafísica, onde o bom senso, que assim se denomina a si mesmo por antífrase, muitas vezes não tem abolutamente qualquer juízo.

Confesso francamente: foi a advertência de *David Hume* que, há muitos anos, interrompeu o meu sono dogmático e deu às minhas investigações no campo da filosofia especulativa uma orientação inteiramente diversa. Eu estava muito longe de admitir as suas conclusões, que resultavam simplesmente de ele não ter representado o problema em toda a sua amplidão, mas de o ter abordado apenas por um lado que, se não se tiver em conta o conjunto, nada pode explicar. Quando se parte de um pensamento fundamentado, embora não pormenorizado, que outro nos transmitiu, pode esperar-se, graças a uma meditação contínua, ir mais longe do que o homem subtil a quem se deve a primeira centelha desta luz.

Tentei, primeiro, ver se a objecção de *Hume* não poderia representar-se sob forma geral e depressa descobri que o conceito de conexão de causa e /14 efeito estava longe de ser o único mediante a qual o entendimento concebe *a priori* relações das coisas, antes pelo contrário, a metafísica é totalmente a partir dele consti-

---

/ A 13, 14

tuída. Procurei assegurar-me do seu número e como, segundo o meu desejo, o consegui a partir de um único princípio, passei à dedução destes conceitos, seguro agora de que eles não derivavam da experiência, como *Hume* cuidara, mas do entendimento puro. Esta dedução, que parecia impossível ao meu penetrante predecessor, que, além dele, jamais ocorrera a alguém, embora toda a gente se servisse confiadamente dos conceitos sem se interrogar sobre que se fundaria a sua validade objectiva, esta dedução, dizia eu, era o que de mais difícil se podia empreender em vista da metafísica; e o pior era que a metafísica, enquanto existente, não podia prestar-me a menor ajuda, porque aquela dedução deve, acima de tudo, constituir a possibilidade de uma metafísica. Tendo, pois, conseguido resolver o problema de *Hume,* não só para um caso particular, mas para a faculdade total da razão pura, podia eu dar passos seguros, /15 embora sempre lentos, a fim de determinar finalmente o âmbito global da razão pura, nos seus limites e no seu conteúdo, de um modo completo e segundo princípios gerais: era, pois, aquilo de que precisa a metafísica para construir o seu sistema segundo um plano certo.

Temo, porém, que à *solução* do problema humiano na sua máxima extensão possível (isto é, à Crítica da razão pura) aconteça o que aconteceu ao próprio *problema,* quando pela primeira vez foi posto. Não será avaliada como convém, porque não se compreende; não será compreendida porque tem, sem dúvida, de se folhear o livro, mas sem prazer em o repensar; e não se quererá dispender esse esforço porque a obra é árida, obscura, contrária a todos os conceitos habituais e, além disso, extensa. Confesso, no entanto, que não esperava ouvir da parte de um filósofo queixas por causa da falta de popularidade, entretenimento e agrado, quando se trata da existência de um conhecimento conceituado, indispensável à humanidade, e que não pode

---

/ A 15

estabelecer-se senão de acordo com as regras mais severas da exactidão /16 escolástica; poder-se-á, sem dúvida, vulgarizar com o tempo, mas não desde o início. Só no tocante a uma certa obscuridade que, em parte, provém da extensão do plano, na qual não se podem abranger os pontos principais a que se chega neste estudo, é justificada a queixa e a isso queria eu obviar com os presentes *Prolegómenos*.

Aquela obra, que delineia a pura faculdade racional em toda a sua extensão e limites, permanece sempre o fundamento a que se referem os prolegómenos como simples exercícios preliminares; pois, a Crítica deve, enquanto ciência, formar um todo sistemático e acabado nas suas menores partes, antes de se pensar em fazer aparecer uma metafísica ou mesmo de acerca dela se ter uma longínqua esperança.

Desde há muito surgiu o hábito de repor novamente velhos conhecimentos usados, que se extraem das suas associações primitivas, ajustando-lhes /17 um vestuário sistemático segundo um corte arbitrário, mas com novos títulos; a maior parte dos leitores não esperará de antemão outra coisa dessa Crítica. Só que estes prolegómenos levarão a ver que existe uma ciência completamente nova, de que ninguém antes teve sequer o pensamento, de que mesmo a simples ideia era desconhecida e para a qual de tudo o que até agora era dado nada podia ser utilizado, a não ser apenas a indicação que podiam fornecer as dúvidas de *Hume;* este não pressentiu igualmente a possibilidade desta ciência formal, mas levou o seu barco, a fim de o pôr em segurança, para a margem (o cepticismo), onde talvez fique e apodreça, ao passo que a mim me interessa fornecer-lhe um piloto que, segundo os princípios seguros da arte do timoneiro tirados do conhecimento do globo, munido de uma carta marítima completa e de uma bússola, possa conduzir o barco para onde bem lhe aprou-

---

/ A 16, 17

ver. Abordar uma ciência nova, que está completamente isolada e é a única da sua espécie, e com o pressuposto de a poder julgar, graças a pretensos conhecimentos já adquiridos, embora sejam precisamente aqueles de cuja realidade se deve antes absolutamente /18 duvidar, só pode induzir a que se julgue ver em toda a parte o que já era conhecido por causa da semelhança das fórmulas, só que tudo deve parecer desfigurado, absurdo e uma algaraviada porque se põem como fundamento não os pensamentos do autor, mas sempre apenas o seu próprio tipo de pensamento, transformado já em natureza por força de um longo hábito. Mas, a extensão da obra, na medida em que se baseia na ciência e não na exposição, a secura e a precisão escolástica inevitáveis daí resultantes, são qualidades que, decerto, podem favorecer muito a própria causa, mas devem, é verdade, prejudicar o livro em si. Nem todos têm o dom de escrever com tanta subtileza e, no entanto, de modo tão atraente ao mesmo tempo como *David Hume*, ou de maneira tão sólida e elegante como *Moses Mendelsshon;* teria, sem dúvida, podido fornecer popularidade à minha exposição (como disso me lisongeio), se apenas tencionasse fazer um plano e recomendar a outros a sua execução e se não tivesse a peito o bem da ciência, /19 que me ocupou durante tanto tempo; seria, aliás, precisa perseverança e também não pouca abnegação para pospor a atracção de um acolhimento favorável mais rápido à esperança de uma aprovação certamente tardia, mas duradoira.

Fazer planos é, muitas vezes, uma ocupação presunçosa e jactanciosa do espírito pela qual alguém se atribui a si uma aparência de génio criador ao exigir o que pessoalmente não se pode dar, ao censurar o que, no entanto, não se consegue fazer melhor e ao sugerir aquilo que por si mesmo não se sabe onde se encontra; no entanto, já o simples plano competente de uma crítica geral da razão exigiria mais do que se pode imaginar se não se

---

/ A 18, 19

tratasse apenas, como habitualmente, de uma declamação de desejos piedosos. Só que a razão pura é uma esfera de tal modo à parte, tão completamente unificada em si, que não se pode tocar em nenhuma parte sem afectar todas as outras, e que nada se pode fazer sem primeiramente ter determinado o lugar de cada uma e a sua influência sobre as outras; porque, nada existindo fora dela que possa corrigir o nosso juízo interior, a validade e o uso de cada parte depende da relação /20 em que ela se encontra com as outras na própria razão tal como, na estrutura de um corpo organizado, o fim de cada membro só pode deduzir-se do conceito geral do todo. Eis porque se pode dizer de uma tal Crítica que ela nunca é autêntica se não for *inteiramente completada* até aos menores elementos da razão pura, e que, na esfera desta faculdade, é *tudo ou nada* que é preciso determinar e regular. Mas, se um simples plano, que pudesse preceder a Crítica da razão pura, fosse ininteligível, incerto e inútil, seria, pois, tanto mais útil se a seguisse. Porque se encontra assim na situação de abranger o todo com a vista, de examinar peça por peça os pontos principais que importam nesta ciência, e de organizar muitos pormenores melhor do que podia acontecer na primeira redacção da obra.

Aqui está, pois, um tal plano, depois de acabada a obra, que pôde ser estabelecido segundo o *método analítico*, já que a própria obra teve absolutamente de ser /21 redigida segundo o procedimento de *exposição sintética*, a fim de a ciência apresentar todas as suas articulações como a estrutura de uma faculdade cognoscitiva muito peculiar, na sua ligação natural. Quem achar ainda obscuro este plano, que eu coloco como prolegómenos perante toda a metafísica futura, deve considerar que não é forçoso que todos estudem metafísica, que há muitos talentos que progridem bem em ciências sólidas e mesmo profundas, as quais se aproximam da intuição, e que não

/ A 20, 21

são bem sucedidos em investigações por meio de conceitos puramente abstractos e que, em tal caso, deverão empregar os seus dons intelectuais noutro objecto; mas aquele que empreende julgar a metafísica, mais ainda, redigir uma, deve satisfazer absolutamente as condições aqui postas, quer aceite a minha solução, quer a contradiga exaustivamente e a substitua por outra — porque não a pode rejeitar —; e, finalmente, a obscuridade assim caracterizada (uma desculpa habitual da sua própria preguiça ou impotência) tem também a sua utilidade: pois, todos aqueles que, a respeito de todas as outras /22 ciências observam um silêncio prudente, falam como mestres em questões de metafísica e decidem-nas com arrojo, porque a sua ignorância aqui não se opõe claramente à ciência dos outros, mas a princípios críticos genuínos, acerca dos quais se pode, por conseguinte, dizer com elogio:

ignavum, fucos, pecus a praesepibus arcent *

(Virg.)

(*) Afastam das colmeias os preguiçosos zângãos

/ A 22

/23 PROLEGÓMENOS

RECOLECÇÃO PRÉVIA DAS CARACTERÍSTICAS DE TODO O CONHECIMENTO METAFÍSICO

§ 1. Das fontes da metafísica

Se se quiser apresentar um conhecimento como *ciência,* importa, primeiro, poder determinar exactamente o seu carácter distintivo, o que ele não tem de comum com mais nenhum e o que, portanto, lhe é *peculiar;* de outo modo, os limites de todas as ciências confundem-se e nenhuma delas pode ser tratada a fundo, segundo a sua natureza.

Que esta peculiaridade consista na diferença de *objecto,* ou das *fontes de conhecimento,* ou ainda do *modo de conhecimento,* de algumas ou de todas estas coisas, é sobre ela que se funda acima de tudo a ideia da ciência possível e do seu domínio.

Em primeiro lugar, no tocante às *fontes* do conhecimento metafísico, elas não podem, já segundo o seu

---

/ A 23

conceito, ser empíricas. Os seus princípios /24 (a que pertencem não só os seus axiomas, mas também os seus conceitos fundamentais) nunca devem, pois, ser tirados da experiência: ele deve ser um conhecimento, não físico, mas metafísico, isto é, que vai além da experiência. Portanto, não lhe serve de fundamento nem a experiência externa, que é a fonte da física propriamente dita, nem a experiência interna, que constitui o fundamento da psicologia empírica. É, por conseguinte, conhecimento *a priori* ou de entendimento puro e de razão pura.

Mas assim ele nada teria de diferente em relação à matemática pura; será preciso, pois, chamá-lo *conhecimento filosófico puro;* para a significação desta expressão, refiro-me à Crítica da razão pura (p. 712 e seg.), onde a diferença destas duas espécies de uso da razão foi exposta de maneira clara e satisfatória. — E chega quanto às fontes do conhecimento metafísico.

§ 2. Do modo de conhecimento que unicamente se pode chamar metafísico

a) *Da diferença dos juízos sintéticos e dos juízos analíticos em geral*

O conhecimento metafísico deve simplesmente conter juízos *a priori;* exige-o a peculiaridade das suas /25 fontes. Ora, seja qual for a origem dos juízos ou a natureza da sua forma lógica, existe neles, quanto ao conteúdo, uma diferença em virtude da qual são ou simplesmente *explicativos,* sem nada acrescentar ao conteúdo do conhecimento, ou *extensivos,* aumentando o conhecimento dado; os primeiros podem chamar-se juízos *analíticos,* e os segundos, *sintéticos.*

/ A 24, 25

Os juízos analíticos nada dizem no predicado que não esteja já pensado realmente no conceito do sujeito, embora não de modo tão claro e com consciência uniforme. Quando digo: todos os corpos são extensos, não alarguei minimamente o meu conceito de corpo, mas analisei-o apenas, porque a extensão estava pensada realmente no conceito já antes do juízo, embora não expressamente mencionada; o juízo é, portanto, analítico. Pelo contrário, a proposição: alguns corpos são pesados, contém no predicado alguma coisa que não está verdadeiramente pensada no conceito geral de corpo, aumenta pois o meu conhecimento, ao acrescentar algo ao meu conceito; deve, portanto, chamar-se um juízo sintético.

b) *O princípio comum de todos os juízos analíticos é o princípio de contradição*

Todos os juízos analíticos se baseiam inteiramente no princípio de contradição e são, por natureza, /26 conhecimentos *a priori*, quer os conceitos que lhes servem de matéria sejam ou não empíricos. Pois, assim como o predicado de um juízo analítico afirmativo está já pensado anteriormente no conceito do sujeito, não pode ser negado por ele sem contradição, assim também o seu contrário, num juízo analítico, mas negativo, será negado necessariamente pelo sujeito e, sem dúvida, em consequência do princípio de contradição. Assim acontece com as proposições: todo o corpo é extenso e nenhum corpo é inextenso (simples) por natureza.

Eis porque também todas as proposições analíticas são juízos *a priori*, embora os seus conceitos sejam empíricos, por exemplo, o ouro é um metal amarelo; para saber isso, não preciso de mais nenhuma experiência além do meu conceito de ouro, o qual implica que este corpo é amarelo e um metal; pois, é nisto que consiste

---

/ 26

precisamente o meu conceito e eu não preciso de fazer nada a não ser desmembrá-lo, sem buscar outra coisa fora dele.

c) *Os juízos sintéticos exigem um princípio diferente do princípio de contradição*

Há juízos sintéticos *a posteriori*, cuja origem é empírica; mas também os há que são certos *a priori* e provêem do puro entendimento e da razão. Uns e outros concordam em que eles nunca podem existir em virtude do axioma fundamental da análise, isto é, /[27] do simples princípio de contradição; exigem ainda um princípio inteiramente diferente, embora sempre devam ser derivados de todo o princípio, seja ele qual for, *em conformidade com o princípio de contradição;* nada, pois, se deve opor a este princípio, embora nem tudo dele possa ser derivado. Vou, antes de mais, classificar os juízos sintéticos.

1) Os *juízos empíricos* são sempre sintéticos. Seria absurdo fundar na experiência um juízo analítico, visto que não tenho de sair do meu conceito para formular o juízo e, por conseguinte, não necessito de um testemunho da experiência. Um corpo é extenso: é uma proposição certa *a priori*, e não um juízo empírico. Com efeito, antes de passar à experiência, eu possuo já no conceito todas as condições do meu juízo e apenas posso extrair dele o predicado segundo o princípio de contradição e tornar-me consciente da *necessidade* do juízo, que a experiência não me ensinaria.

2) Os *juízos matemáticos* são todos sintéticos. Esta proposição parece ter-se inteiramente subtraído, até agora, às observações dos analistas da razão humana, e até mesmo contrapor-se a todas as suas suposições, embora seja certa de modo incontestável e muito importante

---

/ A 27

subsequentemente. Porque se constatou que os raciocínios dos matemáticos procedem todos segundo /28 o princípio de contradição (o que exige a natureza de toda a certeza apodíctica), também se persuadiram que os axiomas eram conhecidos a partir do princípio de contradição; mas era um grande erro, porque uma proposição sintética pode, naturalmente, ser apreendida segundo o princípio de contradição, mas só enquanto se pressupõe uma outra proposição sintética, a partir da qual ela pode ser deduzida, mas nunca em si mesma. Deve, antes de mais, observar-se que as proposições matemáticas genuínas são sempre juízos *a priori* e não empíricos, porque têm em si uma necessidade que não pode ser tirada da experiência. Mas, se não me quiserem conceder isso, bem, então restrinjo a minha proposição à *matemática pura,* cujo conceito já implica que não contém um conhecimento empírico, mas um puro conhecimento *a priori.* Poder-se-ia, antes de mais, pensar que a proposição $7 + 5 = 12$ é uma simples proposição analítica, que resulta do conceito de uma soma de sete e de cinco, em virtude do princípio de contradição. Mas, olhando de mais perto, descobre-se que o conceito da soma de 7 e 5 não contém mais nada senão a reunião de dois números num só, sem que se pense minimamente o que seja esse único número, que compreende os dois. O conceito de doze de nenhum modo está pensado pelo simples facto de eu pensar essa reunião de sete e de cinco, e, por mais que analise longamente o meu /29 conceito de uma tal soma possível, não encontrarei, no entanto, aí o número doze. É preciso ultrapassar estes conceitos, recorrer à intuição que corresponde a um dos dois números, por exemplo, os seus cinco dedos ou (como *Segner* na sua aritmética) cinco pontos, e assim acrescentar, uma após outra, as unidades do cinco dado pela intuição ao conceito de sete. Alarga-se assim realmente o seu conceito por meio desta proposição $7 + 5 = 12$ e junta-se

---

/ A 28, 29

ao primeiro conceito um novo, que nele não estava pensado, isto é, a proposição aritmética é sempre sintética, o que se torna muito mais claro quando se assumem números algo maiores; percebe-se então nitidamente que, se virarmos e revirarmos à vontade o nosso conceito, nunca poderemos, sem recorrer à intuição, mediante a simples análise dos nossos conceitos, encontrar a soma.

Tão-pouco analítico é um qualquer axioma de geometria pura. Entre dois pontos a linha recta é a mais curta — é uma proposição sintética. Pois, o meu conceito do que é recto não contém nenhuma noção de grandeza, mas apenas uma qualidade. O conceito do que é mais curto é, portanto, inteiramente acrescentado e não pode ser tirado do conceito de linha recta por nenhuma espécie de análise. Deve, pois, recorrer-se à intuição, através da qual é unicamente possível a síntese.

/30 Alguns outros axiomas, que os geómetras postulam, são certamente analíticos e fundam-se no princípio de contradição, mas servem apenas, como proposições idênticas, para o encadeamento do método, e não como princípios; por exemplo, $a = a$, o todo é igual a si mesmo, ou $(a + b) > a$, isto é, o todo é maior que a sua parte. No entanto, também estes, embora válidos em virtude de simples conceitos, são admitidos em matemática unicamente porque podem ser representados na intuição. O que aqui nos leva comumente a crer que o predicado de tais juízos apodícticos se encontra já no nosso conceito e que, por conseguinte, o juízo é analítico, é simplesmente a ambiguidade da expressão. *Devemos,* com efeito, pelo pensamento acrescentar a um dado conceito um certo predicado e esta necessidade está já ligada aos conceitos. Mas, a questão não é o que *devemos acrescentar pelo pensamento* ao conceito dado, mas o que nele *pensamos realmente,* embora apenas de um modo obscuro, e então torna-se claro que o predicado adere

---

/ A 30

necessariamente a esses conceitos, não imediatamente, mas por meio de uma intuição que se deve acrescentar.

§ 3. Observação sobre a divisão geral dos juízos analíticos e sintéticos

Esta divisão é indispensável em relação à crítica do entendimento humano, e nela merece, portanto, ser /31 *clássica;* de outro modo, eu não saberia que ela tinha noutro lado uma utilidade considerável. E aí encontro também a razão por que os filósofos dogmáticos, que buscavam sempre as fontes de juízos metafísicos apenas na própria metafísica, mas não fora dela, nas puras leis da razão, descuraram esta divisão que parece apresentar-se por si mesma; e por que o célebre *Wolff* ou o penetrante *Baumgarten* que segue os seus passos puderam procurar a prova do princípio de razão suficiente, manifestamente sintético, no princípio de contradição. Em contrapartida, encontro já nos Ensaios de *Locke* sobre o entendimento humano uma indicação para esta divisão. Pois, no livro IV, cap. III, § 9 e seguintes, depois de antes já ter falado das diferentes ligações das representações nos juízos e das suas fontes, das quais ele coloca uma na identidade ou na contradição (juízos analíticos), e a outra, porém, na existência das representações num sujeito (juízos sintéticos), confessa no § 10 que o nosso conhecimento *(a priori)* desta última é muito limitado e se reduz quase a nada. Mas existe no que ele diz acerca deste tipo de conhecimento tão pouco de definido e de concentrado em regras que não é de admirar se ninguém, nem sequer *Hume,* teve ocasião de fazer reflexões sobre proposições deste género. Pois, tais princípios gerais e, no entanto, determinados /32 não se aprendem facilmente de outros, aos quais só obscuramente lhes ocorreram. É preciso aí ter chegado através da própria reflexão,

/ A 31, 32

em seguida também se encontram noutros lados, onde certamente os não teriam encontrado a princípio, porque mesmo os autores não sabiam que às suas próprias observações estava subjacente uma tal ideia. Os que nunca pensam por si mesmos possuem, no entanto, a perspicácia para descobrir tudo, depois de lhes ter sido revelado, no que já tinha sido dito e onde, no entanto, ninguém antes o podia divisar.

QUESTÃO GERAL DOS PROLEGÓMENOS

É a metafísica possível?

§ 4

Se existisse realmente uma metafísica que pudesse afirmar-se como ciência, poder-se-ia dizer: aqui está a metafísica, deveis apenas aprendê-la e ela convencer-vos-á irresistível e invariavelmente da sua verdade: esta questão seria então ociosa e apenas restaria a seguinte, a que diria respeito mais a uma prova da nossa perspicácia do que à demonstração da existência da própria coisa, a saber, *como ela é possível* e como a razão aí procura chegar. Mas, neste caso, /33 a razão humana não foi bem sucedida. Não se pode apresentar um único livro, tal como se mostra um Euclides, e dizer: eis a metafísica, aqui encontrareis o fim mais nobre desta ciência, o conhecimento de um Ser supremo e de um mundo futuro, demonstrado a partir de princípios da razão pura. Pois, podem sem dúvida indicar-nos muitas proposições apodicticamente certas e que nunca foram

/ A 33

contestadas; mas todas elas são analíticas e concernem mais aos materiais e aos instrumentos de construção da metafísica do que à extensão do conhecimento que, no entanto, deve ser com ela o nosso verdadeiro propósito (§ 2, letra c). Se apresentais, porém, proposições sintéticas (por exemplo, o princípio da razão suficiente), que nunca demonstrastes a partir da simples razão, por conseguinte *a priori*, como no entanto era vossa obrigação, mas, que vos sejam apesar de tudo concedidas, chegais sempre, quando delas vos quereis servir para o vosso fim essencial, a afirmações tão inadmissíveis e incertas que, em todos os tempos, uma metafísica contradisse a outra quer em relação às afirmações, quer relativamente às suas provas, destruindo assim a sua pretensão a uma aprovação duradoira. Mais ainda, as tentativas para realizar esta ciência foram, sem qualquer dúvida, a causa primeira do cepticismo que tão cedo surgiu, de uma concepção em que a razão reage tão violentamente contra si mesma, que esta só poderia ter brotado do total desespero de satisfação /34 relativamente aos seus objectivos mais importantes. Pois, muito antes de se ter começado a interrogar metodicamente a natureza, interrogava-se simplesmente a razão tomada à parte, que era já em certa medida exercida pela experiência comum; porque a razão está, com efeito, sempre presente em nós, ao passo que as leis da natureza devem habitualmente ser investigadas de um modo penoso: e a metafísica flutuava assim, à maneira de espuma, mas de tal modo que, se a espuma que se tinha extraído se dissipava, logo outra se formava à superfície; alguns recolhiam-na sempre com avidez ao passo que outros, em vez de procurarem nas profundezas a causa deste fenómeno, se afiguravam ser sábios porque troçavam do esforço inútil dos primeiros.

O carácter essencial do conhecimento matemático puro, que o distingue de qualquer outro conhecimento

---

/ A 34

a priori, é que ele não deve progredir *por conceitos*, mas sempre unicamente através da construção dos conceitos (*Crítica*, p. 713). Portanto, visto que, nas suas proposições, ele deve para lá do conceito atingir o que a intuição contém de correspondente a este conceito, as suas proposições não podem e não devem jamais originar-se mediante um desmembramento dos conceitos, isto é, analiticamente, e são, pois, todas sintéticas.

Não posso deixar de assinalar a desvantagem que a negligência desta observação, aliás, fácil e de aparência insignificante, trouxe à filosofia. Quando *Hume* sentiu em si a vocação digna /35 de um filósofo de lançar o seu olhar sobre todo o campo do conhecimento puro *a priori*, no qual o entendimento humano se arrogou tão grandes possessões, separou inconsideradamente uma província inteira e, sem dúvida, a mais importante, a saber, a matemática pura, ao imaginar que a sua natureza, a sua constituição política por assim dizer, dependia de princípios totalmente diferentes, isto é, simplesmente do princípio de contradição; e embora ele não tenha dividido as proposições de um modo tão formal e geral, ou usado as mesmas denominações, como eu faço aqui, era, porém, tanto como se ele tivesse dito: a matemática pura contém apenas proposições *analíticas*, mas a metafísica encerra unicamente proposições sintéticas *a priori*. Cometeu um grande erro que teve, para toda a sua concepção, consequências decisivas e lastimáveis. Se ele não tivesse cometido tal erro, teria alargado a sua questão da origem dos nossos juízos sintéticos, muito além do seu conceito metafísico de causalidade, estendendo-a mesmo à possibilidade da matemática *a priori*; pois ele devia também considerar esta como sintética. Mas, neste caso, de nenhum modo teria podido fundamentar as suas proposições metafísicas na simples experiência, porque então teria igualmente submetido os axiomas da matemática pura à experiência, e era demasiado

A /35

clarividente para o fazer. A boa companhia em que então se teria encontrado a metafísica tê-la-ia preservado do perigo de ser maltratada /36 indignamente, pois os golpes destinados à última teriam também de atingir a primeira, o que não era nem podia ser a sua intenção: e, assim, este homem penetrante teria sido levado a considerações necessariamente semelhantes àquelas de que agora nos ocupamos, mas que, em virtude do seu estilo de um beleza inimitável, teriam ganhado infinitamente.

Os juízos genuinamente *metafísicos* são todos sintéticos. Importa distinguir os juízos que pertencem à *metafísica* e os juízos *metafísicos* propriamente ditos. Entre os primeiros, há muitos que são analíticos, mas constituem apenas meios para os juízos metafísicos, para os quais se orienta inteiramente o fim da ciência, e que são sempre sintéticos. Pois, se conceitos pertencem à metafísica, por exemplo, o de substância, então os juízos que derivam do seu simples desmembramento integram-se também necessariamente na metafísica; assim, a substância é o que existe apenas como sujeito, etc.; por meio de vários destes juízos analíticos, procuramos aproximar-nos da definição dos conceitos. Mas, visto que a análise de um puro conceito do entendimento (tais como os contém a metafísica) não pode fazer-se de outro modo senão como o desmembramento de qualquer outro conceito, mesmo empírico, que não pertence à metafísica (por exemplo, o ar é um flúido elástico, cuja elasticidade não é suprimida por nenhum grau conhecido do frio), o conceito /37 é, sem dúvida, genuinamente metafísico, mas não o juízo analítico: com efeito, esta ciência possui algo de particular e de peculiar na produção dos seus conhecimentos *a priori*, que se deve distinguir do que ela tem de comum com todos os outros conhecimentos do entendimento; assim, a proposição: «tudo o que é substância, nas coisas, é constante» constitui uma proposição sintética e genuinamente metafísica.

/ A 36, 37

Se previamente se reuniram, segundo certos princípios, os conceitos *a priori,* que formam a matéria e os instrumentos de construção da metafísica, a análise destes conceitos possui então um grande valor; pode também a mesma expor-se como uma parte especial (uma espécie de *philosophia definitiva*), que unicamente contém proposições analíticas pertencentes à metafísica, com exclusão de todas as proposições sintéticas, que constituem a própria metafísica. Pois, na realidade, essas análises possuem uma utilidade considerável apenas na metafísica, isto é, relativamente às proposições sintéticas que devem provir da resolução prévia destes conceitos.

A conclusão deste parágrafo é, portanto, que a metafísica tem propriamente a ver com proposições sintéticas *a priori* e que só elas constituem o seu fim; para o alcançar, ela precisa naturalmente de muitas análises dos seus conceitos, por conseguinte, de juízos analíticos, mas o procedimento não é aí diferente do que em qualquer outro tipo de conhecimento onde, mediante a análise, se procura /[38] apenas tornar nítidos os conceitos. No entanto, a *produção* do conhecimento *a priori,* tanto segundo a intuição como segundo os conceitos, e por fim também a de proposições sintéticas *a priori,* justamente no conhecimento filosófico, é que formam o conteúdo essencial da metafísica.

Desgostados, pois, do dogmatismo, que nada nos ensina, e também do cepticismo, que nada nos promete, nem sequer a tranquilidade de uma ignorância permitida, solicitados pela importância do conhecimento de que temos necessidade e desconfiados, em virtude de uma longa experiência, de todo o que julgamos possuir ou que se nos oferece sob o título da razão pura, resta-nos apenas uma questão crítica, segundo cuja solução podemos orientar a nossa atitude futura: *É a metafísica verdadeiramente possível?* Mas esta questão não deve admi-

---

/ A 38

tir como resposta objecções cépticas a certas afirmações de uma qualquer metafísica real (pois, ainda não aceitamos nenhuma), mas ser respondida a partir do conceito ainda *problemático* de uma tal ciência.

Na *Crítica da razão pura,* tratei esta questão de modo sintético, isto é, investiguei na própria razão pura e procurei determinar, segundo princípios, nesta mesma fonte, tanto os elementos como as leis do seu uso puro. Este trabalho é difícil e exige um leitor decidido a penetrar pouco a pouco /39 pelo pensamento num sistema que não põe como fundamento nenhum dado a não ser a própria razão e que procura, pois, sem se apoiar em qualquer facto, tirar o conhecimento a partir dos seus germes originais. Em contrapartida, os *prolegómenos* devem apenas ser exercícios preparatórios; devem mostrar o que há que fazer para, se possível, realizar uma ciência, mais do que expor essa própria ciência. Devem, por conseguinte, fundar-se em alguma coisa que já se conhece seguramente, a partir da qual se possa partir com confiança e subir até às fontes que ainda não se conhecem e cuja descoberta nos explicará não só o que se sabia, mas ao mesmo tempo nos fará ver um conjunto de muitos conhecimentos, todos provenientes das mesmas fontes. O procedimento metódico dos prolegómenos, sobretudo dos que devem preparar para uma metafísica futura, será, pois, analítico.

Acontece, porém, felizmente que, embora não possamos supor que a metafísica enquanto ciência é *real,* é-nos, no entanto, possível afirmar com confiança que certos conhecimentos sintéticos puros *a priori* são reais e dados, a saber, a *matemática pura* e a *física pura;* com efeito, estas duas ciências contêm proposições reconhecidas, de modo geral, como verdadeiras se bem que independentes da experiência, quer pela simples razão com uma certeza apodíctica, quer pelo consentimento universal fundado na experiência. Possuímos, pois, pelo

---

/ A 39

menos algum conhecimento sintético /40 *a priori indiscutido;* e não devemos interrogar-nos se ele é possível (pois é real), mas apenas *como ele é possível,* a fim de poder derivar do princípio da possibilidade do conhecimento dado também a possibilidade de todos os outros.

/ A 40

QUESTÃO GERAL DOS PROLEGÓMENOS

Como é possível um conhecimento pela razão pura?

§ 5

Vimos acima a diferença considerável entre os juízos analíticos e os juízos sintéticos. A possibilidade das proposições analíticas podia ser facilmente apreendida; pois, funda-se simplesmente no princípio de contradição. A possibilidade de proposições sintéticas *a posteriori*, ìsto é, das que são tiradas da experiência, também não precisa de uma explicação particular; pois a experiência não é senão uma contínua adição (síntese) das percepções. Restam-nos apenas proposições sintéticas *a priori*, cuja possibilidade deve ser procurada ou examinada porque ela tem de fundar-se noutros princípios diferentes do princípio de contradição.

/41 Mas, não temos de procurar aqui a *possibilidade* de tais proposições, isto é, de nos interrogarmos se elas são possíveis. Pois, há bastantes e são dadas real-

---

/ A 41

mente com uma certeza indiscutível e, visto que o método, que agora seguimos, deve ser analítico, o nosso ponto de partida será que este conhecimento racional sintético, mas puro, é real; no entanto, devemos em seguida *investigar* o fundamento desta possibilidade e interrogar-nos *como* este conhecimento é possível a fim de estarmos em situação de determinar, segundo os princípios da sua possibilidade, as condições do seu uso, o seu âmbito e os seus limites. O problema verdadeiro expresso com uma precisão escolástica, de que tudo depende, é pois:

Como são possíveis proposições sintéticas a priori?

Dei-lhe acima, por amor da popularidade, uma expressão um pouco diferente, ao chamar-lhe uma questão do conhecimento por razão pura, o que então podia fazer sem prejuízo para o discernimento procurado; visto que aqui se trata unicamente da metafísica e das suas fontes, lembrar-se-á constantemente, espero, segundo o que precedentemente foi recordado, que, ao falarmos aqui de conhecimento por pura razão, nunca se refere o conhecimento analítico, mas apenas o conhecimento sintético (1).

---

(1) É impossível impedir que, com o progresso gradual do conhecimento, certas expressões, já tornadas clássicas, /42 remontando à infância da ciência, não sejam posteriormente encontradas insuficientes e impróprias e que um certo uso novo e mais adequado corra ainda algum risco de se confundir com o antigo significado. O método analítico, enquanto oposto ao método sintético, é inteiramente diverso de um conjunto de proposições analíticas: significa apenas que se parte do que se procura, como se fosse dado, e se vai até às condições sob as quais unicamente é possível. Neste método de ensino, empregam-se muitas vezes apenas proposições sintéticas; a análise matemática é disso um exemplo; e seria melhor chamá-lo método *regressivo*, para o distinguir do método sintético ou *progressivo*. O nome de analítica designa também uma parte principal da lógica e é então a lógica da verdade, por oposição à

/ A 42

/42 Da solução deste problema depende a persistência ou a queda da metafísica e, por conseguinte, toda a sua existência. Por mais que alguém apresente as suas afirmações metafísicas com o maior brilho possível, e acumule raciocínios sobre raciocínios até ao esmagamento, se ele não conseguiu antes responder a essa questão de um modo satisfatório, tenho o direito de dizer: tudo isto é filosofia vã e sem fundamento, falsa sabedoria. Falas pela razão pura e pretendes, por assim dizer, criar conhecimentos *a priori* não só ao analisar conceitos já dados, mas também ao alegar novas conexões que não se fundam no princípio de contradição e que, no entanto, presumes aperceber independentemente de toda a experiência; como chegas a tal resultado e como queres justificar-te de tais pretensões? /43 Não posso permitir-te o apelo ao assentimento da razão geral da humanidade, pois é um testemunho cujo prestígio se funda unicamente no rumor público.

Quodcumque ostendis mihi sic, incredulus odi. (Horácio) (*)

Mas, por indispensável que seja a resposta a esta questão, ela é também muito difícil, e se a causa principal por que, durante muito tempo, não se tentou dar-lhe uma resposta consiste em que nem sequer se imaginou que uma semelhante questão possa ser posta, uma segunda razão é que, no entanto, uma resposta satisfatória a esta questão exige uma reflexão muito mais persistente, mais profunda e mais penosa do que alguma vez o exigiu a mais extensa obra de metafísica que, desde a primeira aparição, prometeu a imortalidade ao seu autor. Por isso, todo o leitor penetrante deve, se reflectir cuidadosamente nas condições deste problema, assustado a princípio pela sua dificuldade, tê-lo por insolúvel,

---

dialéctica, sem que verdadeiramente se considere que os conhecimentos a ela pertencentes sejam analíticos ou sintéticos.

(*) O que me mostras não o creio e é-me detestável.

/ A 42, 43

e, se não houvesse realmente esses tais conhecimentos sintéticos puros *a priori,* por absolutamente impossível; foi o que aconteceu a *David Hume* que, no entanto, estava muito longe de se representar a questão com uma tal generalidade, como aqui é e deve ser o caso, se é que a resposta deve ser decisiva para toda a metafísica. Pois, como é possível, dizia esse homem subtil /44, que, quando um conceito me é dado, eu possa ir além dele e lhe ligue outro conceito que aí não está contido, como se lhe pertencesse *necessariamente*? Só a experiência nos pode fornecer tais conexões (eis o que ele concluía desta dificuldade, que considerava uma impossibilidade), e toda essa pretensa necessidade ou, o que é a mesma coisa, todo o conhecimento *a priori* a ela adscrito, não é mais do que um longo hábito de achar verdadeira uma coisa e, por conseguinte, de considerar como objectiva a necessidade subjectiva.

Se o leitor se queixar da fadiga e do esforço que eu lhe darei pela solução do problema, então deve apenas tentar resolvê-lo de um modo mais simples. Pode ser que então se sinta obrigado para com aquele que empreendeu em seu lugar um trabalho de tão profunda investigação e manifestará antes alguma admiração pela facilidade que, dada a natureza do assunto, lhe foi ainda possível dar à solução. Por isso, custou-lhe anos de esforço o resolver este problema em toda a sua generalidade (no sentido que os matemáticos dão a esta palavra, isto é, de modo suficiente em todos os casos) e o poder finalmente expô-lo numa forma analítica, como o leitor aqui a encontrará.

Por conseguinte, todos os metafísicos estão, solenemente e em conformidade com a lei, suspensos das suas funções até que tenham respondido /45 de modo satisfatório à pergunta: *Como são possíveis conhecimentos sintéticos* a priori? Pois, só nesta resposta consistem as credenciais que devem apresentar, se têm alguma coisa

---

/ A 44, 45

para nos oferecer em nome da razão pura; à falta dela, nada mais podem esperar senão ser despedidos por pessoas sensatas, que já tantas vezes foram enganadas, sem outro exame do que eles propõem.

Se, pelo contrário, quiserem exercer a sua profissão não como *ciência,* mas como uma *arte* própria para persuadir o que é salutar e adequado ao senso comum, não se lhes pode legitimamente impedir tal ofício. Terão então a linguagem modesta de uma fé racional, confessarão que não lhes é permitido, nem sequer *conjecturar* e menos ainda *saber* alguma coisa, sobre o que ultrapassa os limites de toda a experiência possível, mas apenas *admitir* (não para o uso especulativo a que, pois, devem renunciar, mas para o uso simplesmente prático) o que é possível e mesmo indispensável para a conduta do entendimento e da vontade na vida. Só assim poderão ter o nome de homens úteis e sábios e tanto mais quanto mais renunciarem ao de metafísicos; pois estes querem ser filósofos especulativos e visto que, quando se trata de juízos *a priori,* não é possível expor-se a probabilidades /46 insípidas (porque o que se pretende reconhecer *a priori* é por isso mesmo declarado necessário), não se lhes pode permitir jogar com conjecturas, mas a sua afirmação deve ser ciência, ou então não é nada.

Pode dizer-se que toda a filosofia transcendental, que precede necessariamente toda a metafísica, não é em si mesma senão a solução completa da questão aqui posta, mas numa ordem sistemática e com riqueza de pormenores, e que, por conseguinte, não se possui até agora nenhuma filosofia transcendental: com efeito, o que leva o seu nome é, na realidade, uma parte da metafísica; essa ciência deve, porém, primeiramente tornar possível a metafísica e, por conseguinte, precedê-la. Não é preciso, pois, admirar-se se uma ciência inteira e privada, além disso, de todo o socorro das outras ciências, por conseguinte, uma ciência inteiramente nova, é necessá-

/ A 46

ria para responder de maneira suficiente a uma só questão, se a resposta à mesma está associada ao esforço e à dificuldade, mais ainda, a uma certa obscuridade.

Ao abordarmos agora esta solução, e segundo o método analítico em que pressupomos que tais conhecimentos pela pura razão são reais, podemos apenas referir-nos a duas *ciências* do conhecimento teórico (o único de que aqui se fala), a saber, a *matemática pura* e a *física pura* /47, pois só elas nos podem apresentar os objectos na intuição e mostrar-nos, por conseguinte, se nelas ocorresse um conhecimento *a priori*, a verdade ou a conformidade do mesmo com o objecto, *in concreto*, isto é, a *sua própria realidade*, a partir do qual se poderia, então, remontar por via analítica até ao fundamento da sua possibilidade. Isso facilita muito a tarefa, pois as considerações gerais não só aí se aplicam aos factos, mas deles partem, ao passo que, no procedimento sintético, devem ser derivados de conceitos, totalmente *in abstracto*.

Mas, para se elevar destes conhecimentos puros *a priori*, reais e ao mesmo tempo fundados, a um conhecimento possível, que procuramos, isto é, a uma metafísica enquanto ciência, precisamos de compreender também, na nossa questão principal, o que ocasiona a metafísica e constitui o seu fundamento enquanto conhecimento *a priori* dado unicamente de modo natural, embora de uma verdade suspeita, cuja elaboração sem qualquer investigação crítica sobre a sua possibilidade é já comumente chamada metafísica, numa palavra, a disposição natural para uma tal ciência; e assim a questão transcendental capital, dividida em outras quatro, será sucessivamente resolvida:

/48 1) *Como é possível a matemática pura?*
2) *Como é possível a ciência pura da natureza?*
3) *Como é possível a metafísica em geral?*
4) *Como é possível a metafísica enquanto ciência?*

/ A 47, 48

Vê-se que, embora a solução destes problemas deva representar principalmente o conteúdo essencial da crítica, ela tem no entanto algo de específico que, por si só, merece a atenção, a saber, buscar na própria razão as fontes das ciências dadas a fim de assim explorar e medir o seu poder de conhecer alguma coisa *a priori;* e estas ciências lucram deste modo, se não no tocante ao seu conteúdo, pelo menos no que concerne ao seu uso exacto e, ao elucidarem um problema superior em virtude da sua origem comum, fornecem também a ocasião de melhor ilustrarem a sua própria natureza.

PRIMEIRA PARTE

DA QUESTÃO TRANSCENDENTAL CAPITAL

Como é possível a matemática pura?

§ 6

Eis aqui um conhecimento grande e comprovado, que é já hoje de um âmbito admirável /49 e promete para o futuro um desenvolvimento ilimitado; comporta uma certeza apodíctica perfeita, isto é, uma absoluta necessidade, não se apoia, pois, em nenhum fundamento empírico; por conseguinte, é um puro produto da razão e é, além disso, completamente sintético. «Como é possível à razão humana constituir inteiramente *a priori* um tal conhecimento?» Não pressupõe esta faculdade, que não se baseia nem pode basear-se em experiências, qualquer princípio *a priori* de conhecimento, profundamente oculto, mas que pode revelar-se mediante os seus efeitos,

---

/ A 49

se se inquirir diligentemente apenas a sua origem primeira?

§ 7

Descobrimos, porém, que todo o conhecimento matemático tem esta peculiaridade: deve primeiramente representar o seu conceito na *intuição* e *a priori*, portanto, numa intuição que não é empírica, mas pura; sem este meio, não pode dar um único passo; por conseguinte, os seus juízos são sempre *intuitivos*, ao passo que a filosofia pode contentar-se com juízos *discursivos* a partir de *simples conceitos* e, sem dúvida ,explicar pela intuição as suas proposições apodícticas, mas nunca daí as derivar. Esta observação a respeito da natureza da matemática fornece-nos já uma indicação acerca da primeira e suprema condição da sua possibilidade: a saber, importa que ela tenha como fundamento uma *intuição pura* /50 na qual ela possa representar todos os seus conceitos *in concreto* e, no entanto, *a priori*, ou, como se diz, *construí-los* (1). Se pudermos descobrir esta intuição pura e a possibilidade de uma tal intuição, facilmente se explicará como é que as proposições sintéticas *a priori* são possíveis na matemática pura e, por conseguinte, também como é que esta própria ciência é possível; com efeito, assim como a intuição empírica nos torna, sem dificuldade, possível alargar sinteticamente na experiência, por meio de novos predicados que a própria intuição fornece, o conceito que nos fazemos de um objecto da intuição, assim também o fará a intuição pura, só que com uma diferença: no último caso, o juízo sintético será *a priori* certo e apodíctico, mas, no primeiro, será certo apenas *a posteriori* e empiricamente, porque esta contém apenas

(1) Cf. *Crítica*, p. 713.

/ A 50

o que se encontra na intuição empírica contingente, mas a outra o que deve encontrar-se necessariamente na intuição pura, porque, enquanto intuição *a priori,* está indissoluvelmente ligada ao conceito *antes de toda a experiência* ou de toda a percepção particular.

§ 8

Contudo, neste passo, a dificuldade parece antes crescer do que diminuir. Pois, a questão põe-se agora assim: *como é possível ter uma intuição* a priori? A intuição é uma representação que /51 depende imediatamente da presença do objecto. Por conseguinte, parece impossível ter lugar sem se referir a um objecto anterior ou actualmente presente e, portanto, não poderia ser uma intuição. Sem dúvida, há conceitos tais que podemos muito bem produzir *a priori,* alguns deles, sobretudo os que contêm unicamente o pensamento de um objecto em geral, sem que nos encontremos numa relação imediata com o objecto, por exemplo, o conceito de quantidade, de causa, etc.; mas, até estes precisam, no entanto, para terem valor e significado, de um certo uso *in concreto,* isto é, de uma aplicação a alguma intuição, através da qual nos seja dado um objecto. Não obstante, como é que a *intuição* do objecto pode preceder o próprio objecto?

§ 9

Se a nossa intuição fosse de natureza a representar coisas *como elas são em si,* não teria lugar nenhuma intuição *a priori,* mas seria sempre empírica. Pois, só posso saber o que está contido no objecto em si se ele me estiver presente e me for dado. Sem dúvida, é então incompreensível como a intuição de uma coisa presente ma

/ A 51

deveria dar a conhecer tal como ela é em si, /52 visto que as suas propriedades não podem entrar na minha faculdade representativa; no entanto, admitida esta possibilidade, uma tal intuição não poderia ter lugar *a priori*, isto é, antes mesmo de o objecto me ter sido apresentado; com efeito, sem isso, não pode conceber-se nenhuma causa da relação da minha representação com o objecto, e deveria apoiar-se na inspiração. Por conseguinte, só de uma maneira é possível que a minha intuição seja anterior à realidade do objecto e se produza como conhecimento *a priori*, quando *nada mais contém além da forma da sensibilidade que, no meu sujeito ,precede todas as impressões reais pelas quais eu sou afectado pelos objectos.* Com efeito, posso saber *a priori* que objectos dos sentidos apenas podem ser percebidos segundo esta forma da sensibilidade. Segue-se daqui que proposições, unicamente respeitantes a esta forma de intuição sensível, serão possíveis e válidas para objectos dos sentidos e, reciprocamente, que intuições possíveis *a priori* nunca podem concernir a outras coisas, a não ser a objectos dos nossos sentidos.

§ 10

Portanto, só pela forma da intuição sensível é que podemos perceber *a priori* coisas; mas, assim, conhecemos os objectos unicamente como eles podem *aparecer* (aos nossos sentidos), não como podem /53 ser em si mesmos, e este pressuposto é absolutamente necessário se se admitirem como possíveis proposições sintéticas *a priori* ou se, no caso de se encontrarem, a sua possibilidade houver de ser compreendida e previamente determinada.

Ora, o espaço e o tempo são aquelas intuições em que a matemática pura funda todos os seus conhecimentos e juízos, que se apresentam ao mesmo tempo como apodícticos e necessários; com efeito, a matemática deve

---

/ A 52, 53

representar todos os seus conceitos em primeiro lugar na intuição, e a matemática pura na intuição pura, isto é, construí-los, sem o que (porque ela não pode proceder analiticamente, isto é, por desmembramento dos conceitos, mas apenas sinteticamente) lhe é impossível dar um passo, enquanto lhe faltar a intuição pura, na qual pode ser dada a matéria para juízos sintéticos *a priori*. A geometria toma por fundamento a intuição pura do espaço. A aritmética forma ela própria os seus conceitos de número pela adição sucessiva das unidades no tempo, e especialmente a mecânica pura só pode formar os seus conceitos de movimento mediante a representação do tempo. Ambas as representações, porém, são simples intuições; pois, se das intuições empíricas dos corpos e das suas modificações (movimento) se eliminar todo o elemento empírico, isto é, o que pertence à sensação, restam ainda o espaço e o tempo, que, portanto, são intuições puras, que àquelas servem de fundamento *a priori* e que, por conseguinte, /54 nunca podem ser eliminadas; mas, precisamente por elas serem puras intuições *a priori*, provam que são simples formas da nossa sensibilidade que devem preceder toda a intuição empírica, isto é, a percepção de objectos reais e em conformidade com as quais objectos podem ser conhecidos *a priori*, mas, claro, unicamente como eles nos aparecem.

§ 11

O problema da presente secção está, pois, resolvido. A matemática pura, como conhecimento sintético *a priori*, só é possível enquanto ela não se aplica senão a simples objectos dos sentidos, cuja intuição empírica se funda numa intuição pura (do espaço e do tempo) e, certamente, *a priori*, e pode fundar-se porque esta intuição pura não é mais do que a simples forma da sensibili-

/ A 54

dade, que precede a real aparição dos objectos, ao torná-la primeiramente possível na realidade. No entanto, esta faculdade de intuição *a priori* diz respeito, não à matéria do fenómeno, isto é, ao que nele é sensação, pois esta constitui o elemento empírico, mas apenas à sua forma, o espaço e o tempo. Se se duvidasse minimamente que são determinações inerentes, não às coisas em si mesmas, mas apenas à sua relação com a sensibilidade, eu gostaria de saber como se pode julgar possível *a priori* e, por conseguinte, /55 antes de todo o conhecimento das coisas, isto é, antes de nos serem dadas, qual é a natureza da sua intuição, o que é aqui, contudo, o caso do espaço e do tempo. Mas isto só é inteiramente compreensível se se tomarem apenas como condições formais da nossa sensibilidade, e os objectos como simples fenómenos, porque então a forma do fenómeno, isto é, a intuição pura, pode ser por nós próprios representada *a priori.*

§ 12

De modo a acrescentar algo à explicação e confirmação, deve apenas considerar-se o procedimento ordinário e absolutamente necessário dos geómetras. Todas as provas da igualdade perfeita de duas figuras dadas (de maneira que uma possa ser substituída pela outra em todos os lugares) se reduzem, em última análise, a que elas coincidem; o que evidentemente não é senão uma proposição sintética que se funda na intuição imediata e esta intuição deve ser dada pura e *a priori;* de outro modo, essa proposição não poderia passar por apodicticamente certa, mas possuiria apenas uma certeza empírica. Significaria unicamente: sempre se observou que era assim; e ela só tem valor até ao limite de extensão da nossa percepção. Que o espaço completo

---

/ A 55

(que já não é em si mesmo nenhum limite de um outro espaço) tenha três dimensões e que o espaço em geral /56 não possa ter mais funda-se na proposição de que, num ponto, não pode haver mais de três linhas que se cortam rectangularmente; esta proposição, porém, não pode demonstrar-se a partir de conceitos, mas funda-se imediatamente na intuição e, certamente, pura *a priori*, porque ela é apodicticamente certa; requerer que se prolongue uma linha até ao infinito *(in indefinitum)* ou que se continue até ao infinito uma série de variações (por exemplo, espaços percorridos pelo movimento) supõe, contudo, uma representação do espaço e do tempo, que unicamente pode ser inerente à intuição enquanto ela em si por nada é limitada; com efeito, ela nunca poderia ser deduzida a partir de conceitos. Por conseguinte, na base da matemática estão realmente puras intuições *a priori* que tornam possíveis as suas proposições de valor sintético e apodíctico e, por consequência, a nossa dedução transcendental dos conceitos de espaço e de tempo explica igualmente a possibilidade de uma matemática pura que, sem uma tal dedução, poderia certamente ser concedida, mas de nenhum modo compreendida e, sem admitirmos que «tudo o que se pode apresentar aos nossos sentidos (aos sentidos externos no espaço, ao sentido interno no tempo) é por nós percebido apenas como nos aparece e não como é em si».

§ 13

Os que não podem ainda libertar-se da ideia de que o espaço e o tempo seriam condições /57 reais, inerentes às próprias coisas em si, podem exercer a sua subtileza no paradoxo seguinte e, quando tiverem em vão procurado a sua solução, livres de preconceitos pelo menos por alguns instantes, suspeitar que talvez a redução do

---

/ A 56, 57

espaço e do tempo a simples formas da nossa intuição sensível poderia ter a sua razão de ser.

Se duas coisas são perfeitamente idênticas em tudo o que, em cada uma, pode ser conhecido em si (em todas as determinações referentes à quantidade e à qualidade), segue-se necessariamente que, em todos os casos e relações, uma pode substituir-se à outra sem que esta substituição venha a originar a mínima diferença apreciável. É o que, na realidade, acontece com as figuras planas na geometria; mas diversas figuras esféricas mostram, porém, independentemente dessa competa concordância interior, uma tal condição exterior que uma não pode pôr-se no lugar da outra, por exemplo, dois triângulos esféricos nos dois hemisférios, que têm por base comum um arco do equador, podem ter lados e ângulos perfeitamente iguais de maneira que nenhum deles, se for descrito só e de um modo completo, apresentará algo que não se apresente também na descrição do outro e, no entanto, um não pode colocar-se no lugar do outro (isto é, no hemisfério oposto); existe, pois, aqui uma diferença *interna* /58 dos triângulos que nenhum entendimento pode indicar como intrínseca e que apenas se manifesta através da relação exterior no espaço. Contudo, eu quero aduzir casos mais ordinários, que é possível tirar da vida comum.

Que pode haver de mais semelhante e de mais inteiramente igual à minha mão ou à minha orelha que a sua imagem no espelho? E, no entanto, não posso substituir à imagem primitiva esta mão vista no espelho; pois, se era uma mão direita, ela é no espelho uma esquerda e a imagem da orelha direita é uma orelha esquerda, que de nenhum modo pode substituir-se à outra. Não há aqui nenhumas diferenças internas que apenas um entendimento pudesse pensar e, no entanto, as diferenças são intrínsecas, como o ensinam os sentidos, porque a mão esquerda não pode ser contida nos mesmos limites que

/ A 58

a mão direita, não obstante toda a igualdade e semelhança respectivas (elas não podem coincidir), a luva de uma mão não pode servir à outra. Qual é, pois, a solução? Estes objectos não são representações das coisas como são em si mesmas, e como o entendimento puro as conheceria, mas são intuições sensíveis, isto é, fenómenos cuja possibilidade se funda na relação de certas coisas desconhecidas em si a uma outra coisa, a saber, à nossa sensibilidade. O espaço é a forma da intuição externa desta, e a determinação /59 interna de qualquer espaço só é possível pela determinação da relação exterior a todo o espaço, de que aquele é uma parte (a relação ao sentido exterior), isto é, a parte só é possível pelo todo; o que nunca tem lugar nas coisas em si como objectos do entendimento puro, mas sim nos simples fenómenos. Não podemos, pois, fazer compreender por nenhum conceito a diferença de coisas semelhantes e iguais e, no entanto, incongruentes (por exemplo, volutas inversamente enroladas), mas unicamente pela relação à mão direita e à mão esquerda, que incide directamente na intuição.

OBSERVAÇÃO I

A matemática pura, e sobretudo a geometria pura, só pode ter realidade objectiva sob a condição de se aplicar simplesmente a objectos dos sentidos, em relação aos quais se estabelece o princípio: de que a nossa representação sensível de nenhum modo é uma representação das coisas em si mesmas, mas apenas da maneira como elas nos aparecem. Segue-se, pois, que as proposições da geometria não são determinações de uma simples criação da nossa fantasia poética e, por conseguinte, não podem ser referidas com certeza a objectos reais, mas que são necessariamente válidas para o espaço e, por conse-

---

/ A 59

quência, para tudo o que se pode encontrar no espaço, porque o espaço nada mais é do que a forma de todos os fenómenos exteriores sob a qual apenas /60 os objectos dos sentidos nos podem ser dados. A sensibilidade, sobre cuja forma se funda a geometria, é aquilo de que depende a possibilidade dos fenómenos exteriores; portanto, estes nunca podem conter outra coisa senão o que a geometria lhes prescreve. Seria inteiramente diferente se os sentidos tivessem de representar os objectos como são em si mesmos. Então, a partir da representação do espaço, que o geómetra lhe põe *a priori* como fundamento com todas as suas propriedades, não resultaria que tudo isto, com as consequências que daí se tiram, deva comportar-se justamente assim na natureza. Considerar-se-ia o espaço do geómetra como simples ficção e não se lhe atribuiria nenhuma validade objectiva; porque não se investiga como é que as coisas deveriam harmonizar-se necessariamente com a imagem que delas nos fazemos espontaneamente e de antemão. Mas, se esta imagem, ou antes, esta intuição formal é a propriedade essencial da nossa sensibilidade mediante a qual unicamente os objectos nos são dados e se esta sensibilidade não representa as coisas em si mesmas, mas apenas os seus fenómenos, então, é muito fácil compreender e está incontestavelmente provado que todos os objectos exteriores do mundo sensível devem necessariamente coincidir de um modo preciso com as proposições da geometria, porque a sensibilidade, graças à sua forma de intuição externa (o espaço), de que o geómetra se ocupa, torna primeiramente possíveis aqueles objectos /61 enquanto simples fenómenos. Permanecerá sempre uma coisa notável na história da filosofia o ter havido um tempo em que até matemáticos, que eram ao mesmo tempo filósofos, começaram a duvidar, não certamente da exactidão das suas proposições geométricas enquanto se referiam ao espaço, mas do valor objectivo e da aplicação à natu-

/ A 60, 61

reza deste próprio conceito e de todas as suas determinações geométricas, porque receavam que uma linha na natureza não fosse talvez composta por pontos físicos e, por conseguinte, o verdadeiro espaço no objecto, por partes simples, embora o espaço que o geómetra possui no pensamento de nenhum modo assim possa ser constituído. Não viam que este espaço no pensamento tornava possível o espaço físico, isto é, a extensão da matéria; que este não é uma propriedade das coisas em si mesmas, mas apenas uma forma da nossa faculdade representativa sensível; que todos os objectos no espaço são simples fenómenos, isto é, não coisas em si, mas representações da nossa intuição sensível, e, visto que o espaço, tal como o pensa o geómetra, é de modo muito preciso a forma da intuição sensível, que encontramos em nós *a priori* e que contém o fundamento da possibilidade de todos os fenómenos exteriores (quanto à sua forma), estes devem harmonizar-se necessariamente e do modo mais preciso com as proposições do geómetra, que ele tira não de um conceito fictício, mas do fundamento subjectivo de todos os fenómenos, a saber, a própria sensibilidade. /62 É assim e não de outro modo que o geómetra pode ser protegido contra todas as chicanas de uma metafísica superficial em razão da realidade objectiva indiscutível das suas proposições, por estranhas que elas possam parecer a esta metafísica, porque não remonta até às fontes dos seus conceitos.

OBSERVAÇÃO II

Tudo o que nos deve ser dado como objecto tem de nos ser dado na intuição. Mas, toda a nossa intuição tem lugar apenas mediante os sentidos; o entendimento não tem intuição, mas apenas reflecte. Visto que, porém, os sentidos, segundo o que agora foi demonstrado,

/ A 62

nunca e em nada nos fazem conhecer as coisas em si mesmas, mas apenas os seus fenómenos ,e dado que estes fenómenos são simples representações da sensibilidade, «todos os corpos, juntamente com o espaço em que se encontram, devem ser olhados necessariamente como simples representações em nós, não existindo em nenhum lado a não ser no nosso pensamento». Não é este o idealismo manifesto?

O idealismo consiste na afirmação de que não existem outros seres excepto os seres pensantes; as restantes coisas, que julgamos perceber na intuição, seriam apenas representações nos seres pensantes a que não corresponderia, na realidade, nenhum objecto exterior. Eu, pelo contrário, afirmo: são-nos dadas /63 coisas como objectos dos nossos sentidos e a nós exteriores, mas nada sabemos do que elas possam ser em si mesmas; conhecemos unicamente os seus fenómenos, isto é, as representações que em nós produzem, ao afectarem os nossos sentidos. Por conseguinte, admito que fora de nós há corpos, isto é, coisas que, embora nos sejam totalmente desconhecidas quanto ao que possam ser em si mesmas, conhecemos mediante as representações que o seu efeito sobre a nossa sensibilidade nos procura, coisas a que damos o nome de um corpo, palavra essa que indica apenas o fenómeno deste objecto que nos é desconhecido, mas, nem por isso, menos real. Pode a isto chamar-se idealismo? É precisamente o seu oposto.

Que, sem prejuízo para a existência real das coisas exteriores, se possa dizer de um conjunto dos seus predicados que não pertenceriam a estas coisas em si mesmas, mas apenas aos seus fenómenos, e não possuiriam nenhuma existência própria fora da nossa representação, eis o que era geralmente aceite e admitido já muito antes da época de *Locke,* mas sobretudo depois. A eles pertencem o calor, a cor, o gosto, etc. Mas se, além disso, por razões importantes, também conto entre os simples

---

/ A 63

fenómenos as restantes qualidades dos corpos, que se chamam primárias, a extensão, o lugar e, em geral, o espaço com tudo o que lhe é inerente (impenetrabilidade ou materialidade, forma, etc.), contra isso não pode aduzir-se o mínimo motivo para /64 não o admitir; e assim como aquele que não quer ver nas cores propriedades inerentes ao objecto em si mesmo, mas apenas ao sentido da vista enquanto suas modificações, não pode chamar-se um idealista, assim também a minha doutrina não pode denominar-se idealista pela simples razão de que, na minha opinião, ainda mais propriedades, sim, *todas as propriedades que compõem a intuição de um corpo,* pertencem apenas ao seu fenómeno; com efeito, a existência da coisa que aparece não é deste modo suprimida, como no idealismo verdadeiro, mas mostra-se unicamente que não a podemos conhecer pelos sentidos como ela é em si mesma.

Gostaria muito de saber de que natureza deveriam, pois, ser as minhas afirmações para não conterem nenhum idealismo. Sem dúvida, deveria dizer que a representação do espaço não é apenas inteiramente conforme à relação que a nossa sensibilidade tem com os objectos, pois isso já eu disse, mas até mesmo que ela é plenamente semelhante ao objecto; uma afirmação que, para mim, é desprovida de sentido, tal como se se afirmasse que a sensação do vermelho tem uma semelhança com a propriedade do cinábrio, que em mim suscita esta sensação.

OBSERVAÇÃO III

Pode, por conseguinte, afastar-se agora comodamente uma objecção fácil de prever, mas sem valor, isto é, «todo /65 o mundo sensível se transformaria, mediante a idealidade do espaço e do tempo, em pura aparência».

/ A 64, 65

Depois de, primeiramente, se ter viciado toda a compreensão filosófica da natureza do conhecimento sensível, ao fazer consistir a sensibilidade simplesmente num modo de representação confusa, segundo o qual poderíamos ainda conhecer as coisas como são em si ,mas sem ter a faculdade de tudo trazer nesta nossa representação à consciência clara, e depois de, em contrapartida, ter por nós sido provado que a sensibilidade não consiste nesta diferença lógica de claridade e de obscuridade, mas na diferença genética da origem do próprio conhecimento, visto que o conhecimento sensível não representa as coisas como elas são, mas apenas o modo como afectam os nossos sentidos, e de, por conseguinte, ele fornecer ao entendimento para reflexão simples fenómenos, não as próprias coisas, eis que se levanta, após esta rectificação necessária, uma objecção proveniente de uma falsa interpretação imperdoável e quase intencional, isto é, que a minha teoria transforma em simples aparência todas as coisas do mundo sensível.

Quando o fenómeno nos é dado, somos ainda inteiramente livres para, a partir dele, julgar a coisa como quisermos. O fenómeno funda-se nos sentidos, mas o juízo depende do entendimento e a única questão é saber se, na determinação do objecto, existe ou não verdade. Mas, a diferença entre a verdade e o sonho não resulta da natureza das representações, que se referem aos objectos, /66, pois elas são idênticas em ambos, mas da sua conexão segundo as regras que determinam a ligação das representações no conceito de um objecto, e enquanto elas podem ou não coexistir numa experiência. E, neste caso, não depende dos fenómenos se o nosso conhecimento toma a aparência por verdade, isto é, se a intuição, pela qual um objecto nos é dado, é tomada por um conceito do objecto ou também da sua existência, que o entendimento unicamente pode pensar. Os sentidos representam-nos o curso dos planetas ora para a frente,

/ A 66

ora para trás e aqui não há nem erro nem verdade, porque, enquanto alguém se contentar com ver aí apenas um fenómeno, ainda não se profere um juízo sobre a condição objectiva do seu movimento. Mas porque, se o entendimento não tomar atenção para impedir que este modo subjectivo de representação não seja considerado objectivo, pode facilmente surgir um juízo falso, diz-se que eles parecem retrogradar; por conseguinte, a aparência não deve atribuir-se aos sentidos, mas ao entendimento, ao qual unicamente cabe proferir um juízo objectivo a partir do fenómeno.

Deste modo, mesmo se não reflectirmos sobre a origem das nossas representações, e se ligarmos as nossas intuições dos sentidos, seja qual for o seu conteúdo, no espaço e no tempo, segundo as regras do encadeamento de todo o conhecimento numa experiência, poderá surgir /67 a aparência falaciosa ou a verdade, conforme estivermos desprecavidos ou atentos; isso depende simplesmente do uso das representações sensíveis no entendimento, e não da sua origem. Igualmente, se eu considerar todas as representações dos sentidos com a sua forma, o espaço e o tempo, apenas como fenómenos, e estes últimos, o espaço e o tempo, como uma simples forma da sensibilidade, que fora dela não se encontra nos objectos, e se eu utilizar as mesmas representações apenas em relação à experiência possível, não há aí o mínimo incitamento ao erro nem a aparência de que eu os tome por simples fenómenos; pois, elas podem, apesar de tudo, ser convenientemente ligadas na experiência segundo as regras da verdade. Deste modo, todas as proposições da geometria são válidas para o espaço e para todos os objectos dos sentidos, por conseguinte, a respeito de toda a experiência possível, quer eu olhe o espaço como uma simples forma da sensibilidade ou como algo inerente aos próprios objectos; contudo, só no primeiro caso posso compreender como é

/ A 67

possível conhecer *a priori* aquelas proposições de todos os objectos da intuição externa; de outro modo, em relação a toda a experiência possível, tudo permanece como se eu não tivesse empreendido este abandono da opinião comum. Mas, ao arriscar-me a ultrapassar com os meus conceitos de espaço e de tempo toda a experiência possível, o que é inevitável, se eu os der como condições /68 inerentes às coisas em si mesmas (com efeito, que é que me impediria de, apesar de tudo, os aplicar a estas mesmas coisas, ainda que os meus sentidos fossem de outro modo organizados e perante elas se adaptassem ou não?), pode surgir um grave erro que se baseia numa aparência, visto que aquilo que era uma simples condição da intuição das coisas inerente à minha subjectividade e valia de modo seguro para todos os objectos dos sentidos, por conseguinte, para toda a experiência possível, o dei como universalmente válido, porque o restringi às coisas em si, e não às condições da experiência.

Pelo que a minha doutrina da idealidade do espaço e do tempo, longe de reduzir todo o mundo sensível a uma simples aparência, é antes o único meio de garantir a objectos reais a aplicação de um dos mais importantes conhecimentos, a saber, o que a matemática expõe *a priori* e impedir que seja tomado por simples aparência, porque, sem esta observação, seria absolutamente impossível decidir se as intuições do espaço e do tempo, que não tiramos de nenhuma experiência e que, no entanto, se encontram *a priori* na nossa representação, não seriam simples quimeras forjadas a que não corresponde nenhum objecto pelo menos de modo adequado, e se, por conseguinte, a própria geometria é uma simples aparência; mas pudemos, pelo contrário, estabelecer a sua validade incontestável em relação a todos os objectos do mundo /69 sensível, precisamente porque estes são simples fenómenos.

/ A 68, 69

Em segundo lugar, os meus princípios que fazem das representações dos sentidos fenómenos, em vez de transformarem a verdade da experiência em simples aparência, são antes o único meio de evitar a ilusão transcendental mediante a qual a metafísica, desde sempre, se iludiu e foi induzida aos esforços infantis de agarrar bolas de sabão, porque se tomavam os fenómenos, que são simples representações, por coisas em si mesmas; daí se seguiram todas aquelas ocorrências curiosas da antinomia da razão, que mencionarei mais adiante, e que se encontra suprimida por esta simples observação, a saber, que o fenómeno, enquanto for utilizado na experiência, suscita a verdade, mas logo que ultrapassa os limites da mesma e se torna transcendente produz apenas a aparência.

Visto que eu deixo às coisas, que representamos pelos sentidos, a sua realidade e que restrinjo apenas a nossa intuição sensível destas coisas a nada mais representar, nem sequer nas puras intuições do espaço e do tempo, do que um simples fenómeno dessas coisas, mas nunca a natureza das mesmas, portanto, isto não é nenhuma aparência universal por mim atribuída à natureza e o meu /70 protesto contra toda a suspeita de um idealismo é tão preciso e evidente que pareceria mesmo supérfluo, se não houvesse juízes incompetentes que, ao desejarem com gosto dar um nome antigo a toda a opinião que se afasta das suas ideias absurdas, embora comuns, nunca julgando o espírito das denominações filosóficas mas apegando-se simplesmente à letra, se encontram prontos a pôr a sua própria ilusão no lugar de conceitos bem determinados e deste modo a distorcê-los e a desfigurá-los. Pelo facto de eu próprio ter dado à minha teoria o nome de idealismo transcendental, ninguém se pode arrogar a autoridade de o confundir com o idealismo empírico de *Descartes* (se bem que este fosse apenas um problema cuja insolubilidade, segundo a opinião de Descar-

---

/ A 70

tes, deixava a cada um a liberdade de negar a existência do mundo dos corpos, porque nunca poderia ser respondido de uma maneira satisfatória), ou com o idealismo místico e fantasista de *Berkeley* (contra o qual e outras quimeras semelhantes a nossa crítica contém o verdadeiro antídoto). Com efeito, o que eu chamei idealismo não diz respeito à existência das coisas (a dúvida acerca da mesma é típica do idealismo no significado tradicional), já que nunca me ocorreu duvidar dela, mas apenas à representação sensível das coisas, a que pertencem, acima de tudo, o espaço e o tempo; acerca destes e, por conseguinte, a propósito de todos os *fenómenos,* mostrei simplesmente: /71 que eles não são coisas (mas simples modos de representação), nem também determinações inerentes às coisas em si mesmas. O termo transcendental, porém, que em mim nunca significa uma relação do nosso conhecimento às coisas, mas apenas à *faculdade de conhecer,* devia impedir este erro de interpretação. Mas, para que tal apelação doravante não mais a provoque, prefiro retirá-la e quero que o meu idealismo seja chamado crítico. Se, de facto, é um idealismo a rejeitar aquele que transforma as coisas reais (não fenómenos) em simples representações, que nome se deve dar ao idealismo que, inversamente, converte em coisas simples representações? Penso que se lhe poderia dar o nome de idealismo *sonhador* para o distinguir do precedente, que se chamaria *visionário,* ambos os quais deviam ser substituídos pelo meu idealismo transcendental, ou melhor, *crítico.*

/ A 71

SEGUNDA PARTE

DA QUESTÃO TRANSCENDENTAL CAPITAL

Como é possível a ciência pura da natureza?

§ 14

A *natureza* é a *existência* das coisas enquanto esta é determinada segundo leis universais. Se a natureza houvesse de designar a existência das coisas *em si*, nunca poderíamos conhecê-la /72 nem *a priori* nem *a posteriori*. *A priori* não, pois, como podemos desejar saber o que se deve atribuir às coisas em si? Isso nunca pode acontecer mediante o desmembramento dos nossos conceitos (proposições analíticas), porque eu não quero saber o que se contém no meu conceito de uma coisa (isso faz parte do seu ser lógico), mas o que na realidade da coisa se acrescenta a este conceito e por cujo intermédio a própria coisa é determinada na sua existência fora do meu conceito. O meu entendimento, e as condições

/ A 72

sob as quais ele unicamente consegue conectar as determinações das coisas na sua existência, não prescreve nenhuma lei às próprias coisas; estas não se regem segundo o meu entendimento, mas o meu entendimento é que deveria regular-se por elas; por conseguinte, seria preciso que elas me fossem dadas previamente para delas tirar estas determinações; mas, então, não seriam conhecidas *a priori*.

Um tal conhecimento da natureza das coisas em si mesmas seria também *a posteriori* impossível. Com efeito, se a experiência houvesse de ensinar-me as *leis* que regem a existência das coisas, elas, enquanto concernem às próprias coisas em si, deveriam também regê-las *necessariamente* fora da minha experiência. Ora, a experiência ensina-me, certamente, o que existe e como existe, mas nunca que isso deve existir necessariamente assim e não de outro modo. Por conseguinte, ela jamais pode fazer conhecer a natureza das coisas em si mesmas.

/73 § 15

Ora, estamos realmente na posse de uma ciência pura da natureza que apresenta *a priori* e com toda aquela necessidade, que se exige das proposições apodícticas, leis a que a natureza se encontra submetida. Permito-me aqui apelar apenas para o testemunho dessa propedêutica da teoria da natureza que, sob o título de ciência geral da natureza, precede toda a física (que se funda em princípios empíricos). Encontra-se aí a matemática aplicada a fenómenos, e também princípios puramente discursivos (por conceitos), que constituem a parte filosófica do conhecimento puro da natureza. Mas encontram-se aí também muitas coisas que não são absolutamente puras e independentes das fontes da experiência: como o conceito de *movimento*, de *impenetrabilidade* (onde se funda

---

/ A 73

o conceito empírico da matéria), de *inércia,* etc., que impedem de a chamar uma ciência inteiramente pura da natureza; além disso, ela refere-se apenas a objectos dos sentidos externos e, por consequência, não fornece nenhum exemplo de uma ciência geral da natureza em sentido estrito, porque deve conduzir sob leis universais a natureza em geral, quer se trate do objecto dos sentidos externos ou do objecto do sentido interno (do objecto da física e do da psicologia). Mas, entre os princípios dessa física geral, há alguns que possuem realmente a universalidade que exigimos, como a proposição: que a *substância permanece* e persiste, que *tudo* /[74] *o que acontece é* sempre *determinado* previamente *por uma causa* segundo leis constantes, etc. Estas são verdadeiramente leis universais da natureza, que existem absolutamente *a priori.* Existe, pois, de facto, uma ciência pura da natureza, e a questão agora é: *como é ela possível*?

§ 16

A palavra *natureza* assume ainda outro significado, que determina o objecto, ao passo que na significação precedente ela indicava a *conformidade a leis* das determinações da existência das coisas em geral. Portanto, *materialiter* considerada, a natureza é a *totalidade de todos os objectos da experiência.* Aqui, apenas desta se trata, visto que, em todos os casos, coisas que nunca podem tornar-se objectos de uma experiência, se fosse preciso conhecê-las na sua natureza, obrigar-nos-iam a recorrer a conceitos, cujo significado nunca poderia ser dado *in concreto* (num exemplo qualquer de uma experiência possível); e deveríamos acerca da sua natureza fazer-nos conceitos cuja realidade, isto é, se eles se relacionam realmente a objectos ou se apenas existem no pensamento, não poderia ser decidida. O conhecimento do que não pode ser um objecto

/ A 74

da experiência seria hiperfísico; aqui, não é dele que nos temos de ocupar, mas do conhecimento da natureza cuja realidade pode ser confirmada pela experiência, /75 embora ela seja possível *a priori* e anterior a toda a experiência.

§ 17

O elemento *formal* da natureza, neste sentido restrito, é a conformidade a leis de todos os objectos da experiência e, enquanto ela é conhecida *a priori*, a sua conformidade *necessária*. Provou-se, porém, que as leis da natureza nunca podem ser conhecidas *a priori* se os objectos não forem considerados relativamente a uma experiência possível, mas coisas em si. Aqui, porém, não temos a ver com coisas em si mesmas (cujas propriedades deixamos de apresentar), mas simplesmente com coisas enquanto objectos de uma experiência possível e a totalidade das mesmas é propriamente o que aqui chamamos natureza. E agora pergunto se, ao falar-se da possibilidade de um conhecimento da natureza *a priori*, será melhor pôr assim o problema: como é possível conhecer *a priori* a necessária conformidade a leis das *coisas* enquanto objectos da experiência, ou: como é possível conhecer *a priori* a necessária conformidade a leis da própria *experiência*, relativamente a todos os seus objectos em geral?

Vista de mais perto, a solução da questão, quer se apresente de uma ou de outra maneira, é inteiramente semelhante em relação ao conhecimento /76 puro da natureza (que constitui propriamente o nó da questão). Com efeito, as leis subjectivas, pelas quais unicamente é possível um conhecimento experimental das coisas, são válidas também para estas coisas enquanto objectos de uma experiência possível (mas não para elas enquanto coisas em si, de que aqui não nos ocupamos). É absolu-

---

/ A 75, 76

tamente indiferente que eu diga: sem a lei de que um acontecimento percebido é sempre referido a algo de antecedente, que ele segue segundo uma regra universal, um juízo de percepção nunca pode valer como experiência; ou que me exprima assim: tudo o que sabemos por experiência que acontece deve ter uma causa.

Convém, no entanto, escolher antes a primeira fórmula. Com efeito, visto que podemos ter *a priori* e anteriormente a todos os objectos dados um conhecimento daquelas condições sob as quais unicamente é possível uma experiência a respeito deles, mas nunca das leis a que eles podem ser submetidos sem relação à experiência possível em si mesma, não poderemos estudar a natureza das coisas a não ser buscando as condições e as leis gerais (embora subjectivas), sob as quais unicamente este conhecimento é possível enquanto experiência (segundo a simples forma), e determinando em seguida a possibilidade das coisas como objectos da experiência; com efeito, se escolhesse o segundo tipo de expressão e se buscasse as condições *a priori* sob as /77 quais a natureza é possível como *objecto* da experiência, facilmente poderia entrar num mal-entendido e imaginar que teria de falar da natureza como de uma coisa em si; e ver-me-ia então impelido para esforços infinitos e estéreis a buscar leis para coisas, das quais nada me é dado.

Teremos, pois, aqui a ver apenas com a experiência e com as condições gerais e *a priori* da sua possibilidade e, a partir daí, determinaremos a natureza como objecto total de toda a experiência possível. Penso que me compreenderão: não entendo aqui as regras para a *observação* de uma natureza que já está dada, elas supõem já a experiência, nem também o modo como (através da experiência) podemos aprender da natureza a conhecer as suas leis, pois, não seriam então leis *a priori* e não forneceriam uma ciência pura da natureza; mas trata-se de saber como as condições *a priori* da possibilidade da

---

/ A 77

experiência são ao mesmo tempo as fontes a partir da qual importa derivar todas as leis gerais da natureza.

§ 18

Devemos, pois, observar primeiro que, embora todos os juízos de experiência sejam empíricos, isto é, tenham o seu fundamento na percepção imediata dos sentidos, no entanto, nem por isso todos os juízos empíricos são inversamente juízos de experiência, mas que ao elemento empírico /78 e, em geral, ao que é dado à intuição sensível devem ainda acrescentar-se conceitos particulares, que têm a sua origem inteiramente *a priori* no entendimento puro, nos quais cada percepção deve primeiramente ser subsumida e, em seguida, por seu intermédio ser transformada em experiência.

Os juízos empíricos, na medida em que têm um valor objetivo, são juízos de experiência; mas, os que *apenas são válidos subjectivamente* recebem de mim o nome de *juízos de percepção.* Os últimos não precisam de nenhum conceito puro do entendimento, mas apenas da conexão lógica das percepções num sujeito pensante. Os primeiros, porém, exigem sempre, além das representações da intuição sensível, *conceitos particulares produzidos originariamente no entendimento,* que fazem com que o juízo de experiência seja *objectivamente válido.*

Todos os nossos juízos são primeiramente simples juízos de percepção: têm validade apenas para nós, isto é, para o sujeito, e só mais tarde lhes damos uma nova relação, a saber, com um objecto, e queremos que ele seja sempre válido para nós e igualmente para todos; pois, quando um juízo concorda com um objecto, todos os juízos sobre o mesmo objecto devem igualmente harmonizar-se entre si e, assim, a validade objectiva do juízo de experiência nada mais significa do que a vali-

/ A 78

dade universal necessária do mesmo. Inversamente, porém, se encontrarmos uma razão de considerar um juízo como universalmente válido /79 de modo necessário (o que nunca depende da percepção, mas do conceito puro do entendimento, no qual é subsumida a percepção), devemos por isso considerá-lo objectivo, isto é, que não exprime apenas uma relação da percepção a um sujeito, mas uma propriedade do objecto; com efeito, não haveria nenhuma razão porque é que os juízos de outros teriam necessariamente de concordar com o meu se não houvesse a unidade do objecto a que todos se relacionam, com que concordam e, portanto, todos eles devessem também harmonizar-se entre si.

§ 19

Por conseguinte, validade objectiva e validade universal necessária (para cada um) são conceitos intermutáveis, e embora não conheçamos o objecto em si mesmo, no entanto, se considerarmos um juízo como universalmente válido e, portanto, necessário, entendemos por tal a validade objectiva. Conhecemos o objecto mediante este juízo (ainda mesmo que este objecto permanecesse desconhecido como ele é em si mesmo) através da conexão universalmente válida e necessária das percepções dadas, e visto que tal é o caso de todos os objectos dos sentidos, os juízos de experiência tirarão a sua validade objectiva não do conhecimento imediato do objecto (o qual é impossível), mas simplesmente da condição /80 da validade universal dos juízos empíricos, que, como foi dito, nunca se funda nas condições empíricas e mesmo em geral sensíveis, mas num conceito puro do entendimento. O objecto permanece em si sempre desconhecido; mas quando, graças ao conceito do entendimento, a conexão das representações, que por ele são dadas à

/ A 79, 80

nossa sensibilidade, é determinada como universalmente válida, o objecto é determinado por esta relação e o juízo é objectivo.

É o que queremos explicar: que o quarto seja quente, o açúcar doce, o absinto desagradável [1], são juízos de um valor simplesmente subjectivo. Não pretendo que em todo o tempo, eu próprio ou qualquer outro deva assim sentir; estes juízos exprimem apenas uma relação de duas sensações ao mesmo sujeito, a saber, eu próprio, e também unicamente na minha disposição actual da percepção e não devem, pois, valer para o objecto: a tais juízos dou o nome de juízos de percepção. Algo de completamente diferente se passa com o juízo de experiência. O que /81 a experiência me ensina em certas circunstâncias deve sempre ensinar-mo a mim e também a qualquer outro, e a validade da mesma não se restringe ao sujeito ou à sua disposição momentânea. Por conseguinte, enuncio todos os juízos deste género como objectivamente válidos; por exemplo, quando digo: o ar é elástico; este juízo é, a princípio, apenas um juízo de percepção; relaciono apenas nos meus sentidos duas sensações uma à outra. Se ele deve ser chamado juízo de experiência, exijo que esta conexão se submeta a uma condição que a torne universalmente válida. Quero, pois,

---

(1) Confesso de boa vontade que estes exemplos não representam juízos de percepção que possam tornar-se alguma vez juízos de experiência, ainda que aí se acrescentasse um conceito do entendimento; porque eles se referem apenas ao sentimento, que cada qual reconhece como simplesmente subjectivo e que, por conseguinte, nunca pode ser atribuído ao objecto, nunca podem tornar-se objectivos; eu queria unicamente fornecer um exemplo do juízo que apenas é válido subjectivamente e em si não possui nenhuma razão para ter um valor universal necessário e, portanto, uma relação ao objecto. Um exemplo dos juízos de percepção que, pela adjunção de um conceito do entendimento, se tornam juízos de experiência, encontra-se na nota seguinte.

/ A 81

que em todo o tempo eu próprio e também cada um una necessariamente a mesma percepção em idênticas circunstâncias.

§ 20

Por conseguinte, ser-nos-á preciso analisar a experiência em geral para ver o que está contido neste produto dos sentidos e do entendimento e como é que o próprio juízo de experiência é possível. Na base encontra-se a intuição, de que eu tenho consciência, isto é, uma percepção *(perceptio)* que apenas pertence aos sentidos. Mas, em segundo lugar, é preciso acrescentar também o juízo (que unicamente pertence ao entendimento). Ora, este juízo pode ser de duas espécies: primeiramente, posso comparar simplesmente as percepções e uni-las numa consciência do meu estado, ou, em segundo lugar, uno-as numa consciência em geral. O primeiro juízo é simplesmente um juízo de percepção e, nesta medida, /[82] só tem uma validade subjectiva, é uma simples conexão das percepções no meu estado de espírito, sem relação ao objecto. Por conseguinte, não basta à experiência, como comumente se imagina, comparar percepções e uni-las numa consciência por meio do juízo; daí não brota nenhuma validade universal e necessidade do juízo, em virtude das quais unicamente ele se pode tornar objectivamente válido e ser uma experiência.

Importa, pois, um juízo antecedente inteiramente diferente para que a percepção possa tornar-se experiência. A intuição dada deve ser subsumida num conceito que determina a forma do juízo em geral relativamente à intuição, o qual liga a consciência empírica desta intuição numa consciência em geral e assim cria para os juízos empíricos uma validade universal; semelhante conceito é um conceito puro *a priori* do entendimento que nada

/ A 82

mais faz do que determinar em geral para uma intuição a maneira como ela pode servir aos juízos. Seja um tal conceito o conceito de causa, ele determina a intuição que nele é subsumida, por exemplo, a do ar relativamente ao juízo em geral, a saber, que o conceito do ar, a respeito da dilatação, serve na relação do antecedente para o consequente num juízo hipotético. O conceito de causa é, pois, um conceito puro do entendimento, que é completamente diferente de toda a percepção possível /83 e só serve para determinar a representação que sob ele está contida, relativamente ao juízo em geral, por conseguinte, para tornar possível um juízo universalmente válido.

Exige-se, pois, que, antes de o juízo de percepção se poder tornar um juízo de experiência, a percepção seja subsumida num tal conceito do entendimento; por exemplo, o ar está compreendido sob o conceito de causa (1), que determina o juízo sobre a mesma relativamente à expansão como hipotética. Esta expansão não é assim representada como pertencendo apenas à minha percepção do ar no meu estado, ou em vários dos meus estados, ou no estado da percepção de outrem, mas como pertencendo-lhe *necessariamente,* e o juízo: o ar é elástico, torna-se universalmente válido e primeiramente juízo de experiência ocorrendo assim previamente cer-

(1) Para se ter um exemplo mais fácil de compreender, tome-se o seguinte. Quando o sol incide numa pedra, ela torna-se quente. Este juízo é um simples juízo de percepção e não contém nenhuma necessidade, seja qual for o número de vezes que eu e outros tenhamos percebido este fenómeno; as percepções encontram-se assim associadas apenas por hábito. Mas, se eu disser: o sol aquece a pedra, o conceito intelectual de causa sobrepõe-se à percepção, ligando *necessariamente* o conceito de calor ao conceito de luz solar, e o juízo sintético torna-se universalmente válido de modo necessário, por conseguinte objectivo, e de percepção transforma-se em experiência.

/ A 83

tos juízos que, subsumindo a intuição do ar no conceito de causa e efeito, determinam as percepções, em mim, como sujeito, /84 não só respectivamente entre elas, mas também em relação à forma dos juízos em geral (aqui, do juízo hipotético) e tornam deste modo universalmente válido o juízo empírico.

Se se analisarem todos os juízos sintéticos, enquanto possuem valor objectivo, descobre-se que eles nunca consistem em simples intuições que, como comumente se pensa, apenas foram unidas por comparação num juízo, mas que seriam impossíveis se aos conceitos abstraídos da intuição não viesse acrescentar-se um conceito puro do entendimento no qual aqueles conceitos foram subsumidos e assim fossem ligados primeiramente num juízo objectivamente válido. Mesmo os juízos da matemática pura nos seus axiomas mais simples não estão isentos desta condição. O princípio: a linha recta é o caminho mais curto entre dois pontos, pressupõe que a linha é subsumida no conceito de grandeza, que não é certamente uma simples intuição, mas que tem a sua sede unicamente no entendimento e serve para determinar a intuição (da linha) quanto aos juízos que sobre ela podem proferir-se, em consideração da quantidade, isto é, da pluralidade *(judicia plurativa)* (1), ao entender-se por estes juízos /85 que, numa dada intuição, estão contidos muitos elementos homogéneos.

---

(1) Preferiria que assim se chamassem os juízos designados na lógica por *particularia,* pois, esta última expressão contém já a ideia de que eles não são universais. Mas, se eu parto da unidade (nos juízos singulares) e assim me elevo até à totalidade, ainda não posso introduzir nenhuma relação à totalidade: penso apenas a a pluralidade sem a totalidade, não a exclusão /85 desta. Esta distinção é necessária se os momentos lógicos devem servir de base aos conceitos puros do entendimento; no uso lógico, pode seguir-se a prática antiga.

Nota: A / 85

/ A 84, 85

§ 21

Para expôr a possibilidade da experiência, tanto quanto ela radica em puros conceitos *a priori* do entendimento, devemos, pois, apresentar primeiramente o que pertence ao juízo em geral e os diversos momentos do entendimento nestes conceitos, num quadro completo; com efeito, os conceitos puros do entendimento ser-lhes-ão muito exactamente paralelos, porque nada mais são do que conceitos de intuições em geral, enquanto estas relativamente a um ou outro destes momentos são determinadas em juízos em si, por conseguinte, de um modo necessário e universalmente válido. Assim serão também determinados com exactidão os princípios *a priori* da possibilidade de toda a experiência como conhecimento empírico objectivamente válido. Com efeito, eles nada mais são do que proposições que subsumem toda a percepção (em conformidade com certas condições gerais da intuição) sob estes conceitos puros do entendimento.

/86 Quadrológico dos juízos

1. *Segundo a quantidade*
   universais
   particulares
   singulares

2. *Segundo a qualidade*
   afirmativos
   negativos
   infinitos

3. *Segundo a relação*
   categóricos
   hipotéticos
   disjuntivos

4. *Segundo a modalidade*
   problemáticos
   assertóricos
   apodícticos

/ A 86

Quadro transcendental dos conceitos do entendimento

1. *Segundo a quantidade*
unidade (a medida)
pluralidade (a grandeza)
totalidade (o todo)

2. *Segundo a qualidade*
realidade
negação
limitação

3. *Segundo a relação*
substância
causa
comunidade

4. *Segundo a modalidade*
possibilidade
existência
necessidade

Quadro fisiológico puro dos princípios gerais da Ciência da Natureza

1. *Axiomas*
da intuição

2. *Antecipações*
da percepção

3. *Analogias*
da experiência

4. *Postulados*
do pensamento empírico em geral

/87 § 21 (a)

Para abarcar num só conceito tudo o que até agora foi dito, é preciso primeiramente lembrar aos leitores que não se trata aqui da origem da experiência, mas do que nela reside. O primeiro ponto depende da psicologia empírica e mesmo aí nunca se poderia ter desenvolvido convenientemente sem o segundo, que pertence à crítica do conhecimento e, sobretudo, do entendimento.

/ A 87

A experiência consta de intuições que pertencem à sensibilidade, e de juízos que são apenas um afazer do entendimento. Mas, estes juízos, que o entendimento tira simplesmente das intuições sensíveis, estão ainda longe de ser juízos de experiência. Com efeito, naquele caso, o juízo ligaria apenas as percepções tais como elas são dadas na intuição sensível, mas, no segundo caso, os juízos devem dizer o que contém a experiência em geral, e não, por conseguinte, o que contém a simples percepção, cuja validade é simplesmente subjectiva. O juízo de experiência deve, pois, acrescentar num juízo, à intuição sensível e à sua conexão lógica (depois de ela ter sido generalizada mediante a comparação), alguma coisa que determina o juízo sintético como necessário e, deste modo, como universalmente válido; e não pode ser outra coisa senão aquele conceito que representa a intuição em relação a uma forma de juízo, mais do que relativamente a outras, como determinada /88 em si, isto é, um conceito desta unidade sintética das intuições, que apenas pode ser representada por uma função lógica dada dos juízos.

§ 22

Em suma, o afazer dos sentidos é a intuição; o do entendimento é pensar. Mas, pensar é unir representações numa consciência. Esta união surge ou relativamente ao sujeito, e é contingente e subjectiva, ou tem lugar absolutamente, e é necessária ou objectiva. A união das representações numa consciência é o juízo. Por isso, pensar é julgar ou relacionar representações a juízos em geral. Por conseguinte, os juízos são ou simplesmente subjectivos, se as representações se referem apenas a uma consciência num sujeito e nela são unidas, ou objectivos, se são unidas numa consciência em geral, isto é,

---

/ A 88

necessariamente. Os momentos lógicos de todos os juízos são outros tantos modos possíveis de unir representações numa consciência. Mas, servem também de conceitos, portanto, são conceitos da união *necessária* dessas representações numa consciência, por consequência, princípios de juízos objectivamente válidos. Esta união numa consciência é ou analítica, mediante a identidade, ou sintética, pela combinação e adição de diversas /89 representações entre si. A experiência consiste na conexão sintética dos fenómenos (percepções) numa consciência, enquanto essa ligação é necessária. Os puros conceitos do entendimento são, pois, aqueles nos quais todas as percepções devem ser subsumidas antes de poderem servir para juízos de experiência, onde a unidade sintética das percepções é representada como necessária e universalmente válida (1).

(1) Mas, como harmonizar esta proposição: que juízos de experiência devem conter a necessidade na síntese das percepções, com a proposição, sobre a qual já tanto insisti: que a experiência, enquanto conhecimento *a posteriori*, simplesmente pode fornecer juízos contingentes? Quando digo que a experiência me ensina alguma coisa, quero sempre significar apenas a percepção que nela reside, por exemplo, que o calor se segue sempre à incidência do sol na pedra e, portanto, a proposição de experiência é nesta medida sempre contingente. O facto de o aquecimento resultar necessariamente da incidência do sol na pedra está, sem dúvida, contido no juízo de experiência (em virtude do conceito de causa), mas isso não o aprendo eu pela experiência, antes pelo contrário, a experiência é produzida unicamente por esta adjunção do conceito do entendimento (conceito de causa) à percepção. Sobre o modo como a percepção chega a esta adjunção há que consultar a propósito a *Crítica*, na secção do Juízo transcendental, p. 137 e seguintes.

/ A 89

§ 23

Juízos, enquanto são considerados simplesmente como a condição da união das representações dadas numa consciência, são regras. Estas regras, enquanto representam a união como necessária, são regras *a priori*, e enquanto acima delas não existem nenhumas a partir das quais são derivadas, princípios. Ora, visto que relativamente /90 à possibilidade de toda a experiência, se nela se considera apenas a forma do pensamento, não há condições dos juízos de experiência acima daquelas que ordenam os fenómenos, segundo a diferente forma da sua intuição, sob os conceitos puros do entendimento, que tornam o juízo empírico objectivamente válido, essas são, pois, os princípios *a priori* de uma experiência possível.

Ora, os princípios de uma experiência possível são ao mesmo tempo leis gerais da natureza, que podem ser conhecidas *a priori*. Assim se encontra resolvido o problema, que residia na nossa segunda questão: *como é possível uma ciência pura da natureza*? Com efeito, o elemento sistemático, que é exigido para a forma de uma ciência, é aqui perfeitamente contemplado porque, acima das condições formais de todos os juízos em geral, por conseguinte, de todas as regras em geral, apresentadas pela lógica, mais nenhumas são possíveis, e elas constituem um sistema lógico; mas os conceitos nelas fundados, que contêm as condições *a priori* de todos os juízos sintéticos e necessários, constituem precisamente por isso um sistema transcendental; por fim, os princípios mediante os quais todos os fenómenos são subsumidos nestes conceitos, um sistema fisiológico, isto é, um sistema da natureza, que precede todo o conhecimento empírico, o torna primeiramente possível e pode, por conseguinte, chamar-se a ciência propriamente universal e pura da natureza.

/ A 90

/91 § 24

O primeiro ([1]) desses princípios fisiológicos subsume todos os fenómenos como intuições no espaço e no tempo, sob o conceito da *grandeza,* e é assim um princípio da aplicação da matemática à experiência. O segundo não subsume o que é propriamente empírico, a saber, a sensação, que designa o real das intuições ,directamente no conceito da *grandeza,* porque a sensação não é nenhuma intuição que *contenha* o espaço ou o tempo, embora ponha em ambos o objecto que lhe corresponde; existe, porém, entre a realidade (representação de sensação) e o zero, isto é, o vazio total da intuição no tempo, uma diferença que tem uma grandeza porque, entre cada grau dado de luz e as trevas, entre cada grau de calor e o frio absoluto, cada grau de peso e a leveza absoluta, cada grau do cheio no espaço e o espaço inteiramente vazio, podem sempre pensar-se graus ainda menores, da mesma maneira que entre uma consciência e a plena inconsciência (obscuridade psicológica) podem ter lugar graus mais fracos; por conseguinte, não é possível nenhuma percepção que prove uma carência absoluta, por exemplo, nenhuma obscuridade /92 psicológica que não possa ser considerada como uma consciência, que apenas é superada por um estado mais forte, e assim acontece em todos os casos da sensação; eis porque o entendimento pode mesmo antecipar sensações, que constituem a qualidade própria das representações empíricas (fenómenos), graças ao princípio de que todas, sem excepção, por conseguinte, o real de todo o fenómeno,

([1]) Os três parágrafos seguintes dificilmente poderão ser compreendidos como convém se não se tiver à mão o que a *Crítica* diz acerca dos princípios; mas podem ter a utilidade de fazer apreender mais facilmente a sua generalidade e de chamar a atenção para os pontos principais.

/ A 91, 92

têm graus; e tal é a segunda aplicação da matemática *(mathesis intensorum)* à ciência da natureza.

§ 25

Quanto à relação dos fenómenos e, claro, no que respeita simplesmente à sua existência, a determinação desta relação não é matemática, mas dinâmica e nunca pode ser objectivamente válida, por conseguinte, convir a uma experiência, se não for submetida a princípios *a priori* que, antes de mais, tornam possível a seu respeito o conhecimento experimental. Eis porque os fenómenos devem ser subsumidos no conceito de substância, que está na base de toda a determinação da existência enquanto conceito da própria coisa; ou, em segundo lugar, se se encontrar uma sucessão temporal entre os fenómenos, isto é, uma ocorrência, no conceito de um efeito em relação à causa, ou, se a simultaneidade deve ser conhecida objectivamente, isto é, mediante um juízo de experiência, no conceito de comunidade (influência recíproca); e assim princípios *a priori* estão na base de juízos objectivamente /93 válidos se bem que empíricos, isto é, da possibilidade da experiência, na medida em que ela deve ligar na natureza os objectos segundo a existência. Estes princípios são propriamente leis da natureza, que se podem chamar dinâmicas.

Por fim, pertence também aos juízos de experiência não tanto o conhecimento da concordância e da conexão dos fenómenos entre si na experiência, quanto a sua relação com a experiência em geral, que une num conceito ou o seu acordo com as condições formais que o entendimento conhece, ou o encadeamento com o elemento material dos sentidos e da percepção, ou ambos, e contém, por conseguinte, possibilidade, realidade e necessidade segundo leis gerais da natureza, o que constitui-

/ A 93

ria a metodologia fisiológica (distinção da verdade e das hipóteses e os limites da legitimidade destas últimas).

§ 26

O terceiro quadro dos princípios tirado da *natureza do próprio entendimento* segundo o método crítico mostra em si uma perfeição pela qual ele se eleva muito acima de qualquer outro que alguma vez foi tentado, se bem que em vão, ou venha a ser tentado no futuro, *falando das próprias coisas* de modo dogmático, a saber, que neste quadro todos os princípios sintéticos *a priori* foram estabelecidos completamente e segundo um princípio, ou seja, a faculdade de /[94] julgar em geral que constitui a essência da experiência em relação ao entendimento, de maneira que se pode estar certo que não existem mais nenhumas proposições fundamentais deste género (uma satisfação que o método dogmático jamais pode obter); no entanto, isso está longe de ser o maior mérito do quadro.

É preciso atender ao argumento que descobre a possibilidade deste conhecimento *a priori* e ao mesmo tempo limita todos esses princípios a uma condição que nunca deve ser perdida de vista, se é que não tem de ser mal entendida e ampliada no seu uso para lá do que permite o sentido original, que o entendimento aí põe, a saber: que eles contêm as condições da experiência possível em geral só na medida em que ela é submetida a leis *a priori*. Assim não digo que *coisas em si* tenham uma grandeza, a sua realidade um grau, a sua existência uma conexão dos acidentes numa substância, etc.; pois, ninguém o pode demonstrar, porque uma tal conexão sintética a partir dos simples conceitos, onde falta, por um lado, toda a relação à intuição sensível e, por outro, toda a conexão desta numa experiência possível, é abso-

/ A 94

lutamente impossível. A restrição essencial dos conceitos nestes princípios é, portanto, que todas as coisas se submetem necessariamente *a priori* às condições mencionadas apenas como *objectos da experiência.*

Segue-se, pois, em segundo lugar, uma prova específica e peculiar dos mesmos princípios: que eles /95 não se referem directamente aos fenómenos e à sua relação, mas à possibilidade da experiência, de que os fenómenos constituem somente a matéria, mas não a forma, isto é, a proposições sintéticas objectiva e universalmente válidas, onde justamente os juízos de experiência se distinguem de simples juízos de percepção. Isso acontece devido ao facto de que os fenómenos, enquanto simples intuições, que *ocupam uma parte de espaço e de tempo,* se integram sob o conceito de quantidade, o qual une sinteticamente *a priori* a sua diversidade segundo regras; e de que, na medida em que a percepção contém, além da intuição, também uma sensação, entre a qual e o zero, isto é, o seu completo desaparecimento, existe sempre uma transição por diminuição, o real dos fenómenos deve ter algum grau, não enquanto a própria sensação *ocupa alguma parte de espaço ou de tempo* (1), mas enquanto, porém, a passagem do tempo ou do espaço vazios para

---

(1) O calor, a luz, etc., são num pequeno espaço tão grandes (segundo o grau) como num grande espaço; igualmente, as representações internas, a dor, a consciência, não são em geral menores segundo o grau, se duram pouco ou muito. Por conseguinte, num ponto e num momento, a quantidade é aqui tão grande como em todo o espaço ou tempo, por grandes que sejam. Os graus crescem, pois, não na intuição, mas segundo a simples sensação, ou ainda como quantidade do fundamento da intuição e só podem ser apreciados como quantidade pela relação de 1 a 0, isto é, pelo facto de cada sensação poder decrescer por uma infinidade de graus intermediários até desaparecer, ou crescer num certo tempo a partir de 0, através de uma infinidade de momentos de aumento, até uma sensação determinada *(Quantitas qualitatis est gradus).*

/ A 95

ela só é possível /96 no tempo; por conseguinte, embora a sensação, enquanto qualidade da intuição empírica, em relação ao que a diferencia especificamente de outras sensações, nunca possa ser conhecida *a priori*, pode no entanto, numa experiência possível, em geral, ser distinguida intensivamente como quantidade da percepção de qualquer outra da mesma espécie; assim é primeiramente tornada possível e se determina a aplicação da matemática à natureza em relação à intuição sensível, através da qual essa natureza nos é dada.

Mas, o leitor deve sobretudo estar atento à demonstração dos princípios que se apresentam sob a denominação de analogias da experiência. Visto que estes não dizem respeito, como os princípios da aplicação da matemática à ciência da natureza em geral, à produção das intuições, mas à conexão da sua existência numa experiência, que nada mais pode ser senão a determinação da existência no tempo segundo leis necessárias, sob as quais unicamente ela é objectivamente válida e, por conseguinte, experiência, a prova não incide sobre a unidade sintética na conexão *das coisas* em si, mas na das *percepções* e, sem dúvida, não relativamente ao seu conteúdo, mas à determinação do tempo e à relação da existência no tempo segundo leis universais. Estas leis universais contêm, pois, a necessidade da determinação da existência no tempo em geral (por conseguinte, segundo uma regra /97 do entendimento *a priori*), se a determinação empírica no tempo relativo deve ser objectivamente válida, portanto, uma experiência. Nada mais posso aqui dizer, em prolegómenos, do que recomendar ao leitor, que, habituado há muito a tomar a experiência por um simples agregado empírico de percepções e, por consequência, não pensa que a experiência vai muito mais longe do que elas, a saber, que fornece uma validade universal a juízos empíricos e que, para tal, precisa de uma unidade pura do entendimento, a qual a precede *a priori*;

/ A 96, 97

recomendo-lhe, pois, que atenda a esta distinção entre a experiência e um simples agregado de percepções e ajuíze a demonstração a partir deste ponto de vista.

§ 27

É aqui o lugar de minar pela base a dúvida de *Hume*. Ele afirmava com razão que de nenhum modo podíamos apreender pela razão a possibilidade da causalidade, isto é, da relação da existência de uma coisa à existência de qualquer outra, que é necessariamente posta pela primeira. Acrescento ainda que tão-pouco compreendemos o conceito de subsistência, isto é, da necessidade de que a existência das coisas esteja fundada num sujeito que em si mesmo não pode ser nenhum predicado de qualquer outra coisa; mais ainda, não podemos fazer-nos um conceito da possibilidade de uma tal coisa (embora possamos na /98 experiência indicar exemplos do seu uso); e esta incompreensibilidade concerne também à comunidade das coisas, porque não se vê como a partir do estado de uma coisa se poderia concluir para o estado de coisas inteiramente diversas a ele exteriores, e vice-versa; e como substâncias, das quais cada uma tem, no entanto, a sua própria existência separada, devem depender uma da outra e, sem dúvida, de um modo necessário. Contudo, estou muito longe de considerar estes conceitos como simplesmente tirados da existência, e a necessidade que neles está representada como uma ficção e uma simples aparência, resultado de um longo hábito; antes pelo contrário, mostrei suficientemente que estes conceitos e os princípios deles derivados são estabelecidos *a priori* antes de toda a experiência, e têm uma exactidão objectiva indubitável, mas, claro está, apenas em relação à experiência.

/ A 98

§ 28

Portanto, embora eu não tenha a mínima noção de uma tal conexão das coisas em si mesmas, enquanto existem como substâncias, ou actuam como causas, ou podem encontrar-se em comunidade com outras (como partes de um todo real); e embora eu consiga ainda menos conceber semelhantes propriedades nos fenómenos enquanto fenómenos (porque esses conceitos nada contêm que resida nos fenómenos, mas apenas o que o entendimento deve pensar), temos, no entanto, o conceito de uma tal conexão das representações no nosso /99 entendimento e, sem dúvida, nos juízos em geral, a saber, que as representações fazem parte de um tipo de juízos como sujeito em relação a predicados, num outro tipo como causa em relação à consequência e, num terceiro, como partes que constituem conjuntamente um conhecimento total possível. Além disso, sabemos *a priori* que, sem considerarmos a representação de um objecto como determinado em relação a um ou outro destes momentos, não poderíamos ter nenhum conhecimento válido do objecto; e, se nos ocupássemos do objecto em si mesmo, não seria possível um único indício no qual poderia conhecer se o objecto se encontra determinado relativamente a um ou outro dos momentos pensados, isto é, integrado no conceito de substância, ou de causa ou (em relação a outras substâncias) no conceito de comunidade; com efeito, não tenho nenhuma noção da possibilidade de uma tal conexão da existência. A questão, porém, não é saber como coisas em si são determinadas, mas como o é o conhecimento experimental das coisas em relação aos momentos dos juízos em geral, isto é, como coisas enquanto objectos da experiência podem e devem ser subsumidas naqueles conceitos do entendimento. E é então claro que eu reconhecia perfeitamente não só a possibilidade, mas também a necessidade de subsumir

/ A 99

todos os fenómenos nestes conceitos, isto é, de os utilizar como princípios da possibilidade da experiência.

/100 § 29

Para pôr à prova o conceito problemático de *Hume* (a sua *crux metaphysicorum*), a saber, o conceito de causa, é-me primeiro fornecida *a priori* pela lógica a forma de um juízo condicional em geral, isto é, um conhecimento dado para utilizar como princípio e o outro como consequência. É, porém, possível encontrar na percepção uma regra da relação, a qual diz que, a um certo fenómeno, se segue outro de modo constante (embora não inversamente), e é este o caso de me servir do juízo hipotético e de, por exemplo, dizer: se um corpo é durante bastante tempo iluminado pelo sol, aquece-se. Aqui, evidentemente, não existe ainda uma necessidade de conexão, nem, por conseguinte, o conceito de causa. No entanto, eu continuo e digo: se a proposição precedente, que é simplesmente uma conexão subjectiva das percepções, deve ser uma proposição de experiência, importa que ela seja considerada como necessária e universalmente válida. Mas, uma tal proposição seria: o sol é pela sua luz a causa do calor. A regra empírica precedente é doravante considerada como lei e, sem dúvida, válida não só para os fenómenos, mas para estes fenómenos em vista de uma experiência possível, que precisa de regras geral e, portanto, universalmente válidas. Compreendo, pois, muito bem o conceito de causa como um conceito necessariamente ligado à simples forma da experiência, e a sua necessidade como /101 a de uma união sintética das percepções numa consciência em geral; mas, não compreendo a possibilidade de uma coisa em geral como a de uma causa e, precisamente, porque o conceito de causa não indica de modo algum uma condição inerente

/ A 100, 101

às coisas, mas apenas à experiência, a saber, que esta unicamente pode ser um conhecimento objectivamente válido dos fenómenos e da sua sucessão temporal, na medida em que o antecedente pode ser ligado ao consequente segundo a regra dos juízos hipotéticos.

§ 30

Por conseguinte, os puros conceitos do entendimento não têm qualquer significado se se afastam dos objectos da experiência e se referem a coisas em si (*noumena*). De algum modo servem apenas para soletrar os fenómenos a fim de os poder ler como experiência; os princípios que brotam da sua relação ao mundo dos sentidos servem unicamente ao nosso entendimento para o uso da experiência; para lá disso, são ligações arbitrárias sem realidade objectiva, cuja possibilidade não se pode conhecer *a priori*, nem confirmar ou apenas tornar inteligível, mediante algum exemplo, a sua relação aos objectos, porque todos os exemplos podem ser tirados apenas de uma qualquer experiência possível, por conseguinte, também os objectos destes conceitos só podem encontrar-se numa experiência possível.

/[102] Esta solução completa do problema de *Hume*, embora contrária à previsão do autor, conserva, pois, para os puros conceitos do entendimento, a sua origem *a priori* e, para as leis gerais da natureza, a sua validade, enquanto leis do entendimento, mas de maneira a restringir o seu uso apenas à experiência ,porque a sua possibilidade se funda unicamente na relação do entendimento à experiência: não, porém, no sentido de que elas sejam derivadas da experiência, mas de que a experiência é delas que deriva; deste tipo de conexão totalmente inverso nunca Hume teve ideia.

/ A 102

Daqui, pois, decorre o seguinte resultado de todas as investigações até agora feitas: «Todos os princípios sintéticos *a priori* nada mais são do que princípios de experiência possível» e nunca podem referir-se a coisas em si, mas apenas a fenómenos enquanto objectos da experiência. Eis porque também a matemática pura como a ciência pura da natureza nunca podem ir além dos simples fenómenos e apenas representam ou o que torna possível a experiência em geral, ou o que, ao ser derivado destes princípios, deve poder sempre ser representado em qualquer experiência possível.

§ 31

Assim se possui por fim algo de determinado, onde é possível agarrar-se em todos os empreendimentos metafísicos que, /103 até agora, com bastante ousadia, mas sempre às cegas, passaram por cima de tudo sem distinção. Os pensadores dogmáticos nunca imaginaram que o objectivo dos seus esforços houvesse de ser fixado tão perto, nem mesmo aqueles que, fortes da sua pretensa sã razão, munidos dos conceitos e dos princípios da razão pura, sem dúvida legítimos e naturais, mas unicamente determinados para o uso experimental, pretendiam conhecimentos de que não conheciam nem podiam conhecer os limites determinados, porque nunca tinham reflectido ou puderam reflectir sobre a natureza ou a própria possibilidade de um tal entendimento puro.

Mais de um naturalista da razão pura (por ele entendo aquele que se julga capaz de decidir questões de metafísica, sem ciência alguma) gostaria de alegar que, de há muito, não só pressentiu, mas até mesmo soube e compreendeu, graças ao espírito divinatório da sua sã razão, o que aqui é exposto com tanto aparato ou, se se preferir, com tanta pompa prolixa e pedantesca, isto é, «com

---

/ A 103

toda a nossa razão, nunca podemos ir além do campo das experiências». Mas, a partir do momento em que deve no entanto confessar, se pouco a pouco lhe subtrairmos os seus princípios racionais, que entre estes há muitos que ele não tirou da experiência e que, por conseguinte, são independentes dela e válidos *a priori*, como e com que razões quererá ele impor /104 limites ao dogmático e a si mesmo, o qual se serve destes conceitos e princípios para lá de toda a experiência possível, justamente porque eles são conhecidos independentemente desta? Ele próprio, o adepto da sã razão, não está tão seguro, não obstante toda a sua pretensa sabedoria adquirida a bom preço, de não se extraviar sem dar por isso, longe dos objectos da experiência, no campo das quimeras. Mas, comumente, encontra-se aí bastante embrenhado se bem que, sem dúvida graças à linguagem popular onde tudo é dado por simples verosimilhança, conjecturas convenientes ou analogia, ele disfarça em parte as suas pretensões sem fundamento.

§ 32

Já desde os tempos mais antigos da filosofia, os estudiosos da razão pura conceberam, além dos seres sensíveis ou fenómenos *(phaenomena)*, que constituem o mundo dos sentidos, seres inteligíveis particulares *(noumena)*, que constituiriam um mundo inteligível, e, visto que confundiam (o que era de desculpar a uma época ainda inculta) fenómeno e aparência, atribuiram realidade unicamente aos seres inteligíveis.

De facto, se, como convém, considerarmos os objectos dos sentidos como simples fenómenos, admitimos assim ao mesmo que lhes está subjacente uma coisa em si, embora não saibamos como ela é constituída em si mesma, mas apenas conheçamos o seu fenómeno, isto

---

/ A 104

é, /105 a maneira como os nossos sentidos são afectados por este algo de desconhecido. O entendimento, pois, justamente por aceitar fenómenos, admite também a existência de coisas em si; podemos, por conseguinte, dizer que a representação de tais seres, que estão na base dos fenómenos, portanto, de simples seres inteligíveis, não só é admissível, mas também inevitável.

A nossa dedução crítica de nenhum modo exclui tais coisas *(noumena)*, mas limita antes os princípios da estética de tal modo que eles não devem estender-se a todas as coisas, mediante o que tudo se transformaria em simples fenómeno, mas têm apenas de ser válidos para os objectos de uma experiência possível. Admitem-se assim seres inteligíveis, só que com a insistência na regra, a qual não sofre qualquer excepção, de que não sabemos absolutamente nada de determinado, nem podemos saber, a respeito destes puros seres inteligíveis, porque os nossos puros conceitos do entendimento, como as intuições puras, incidem apenas em objectos de uma experiência possível, por conseguinte, em simples seres sensíveis e, logo que haja um afastamento destes, aqueles conceitos deixam de ter a mínima significação.

§ 33

Existe, na realidade, algo de insidioso nos nossos puros conceitos do entendimento relativamente à atracção do seu uso transcendente; com efeito, dou esse nome ao uso /106 que vai além de toda a experiência possível. Não só os nossos conceitos de substância, de força, de acção, de realidade, etc., são inteiramente independentes da experiência e não contêm nenhum fenómeno dos sentidos, parecendo pois, de facto, incidir sobre coisas em si *(noumena)*, mas contêm em si, o que ainda reforça esta conjectura, uma necessidade de determinação,

/ A 105, 106

a que a experiência jamais pode equiparar-se. O conceito de causa contém uma regra segundo a qual de um estado se segue necessariamente outro; mas a experiência pode mostrar-nos apenas que muitas vezes, e, quando muito, comumente, a um estado das coisas sucede um outro, não conseguindo criar nem universalidade estrita, nem necessidade, etc.

Por conseguinte, os conceitos do entendimento parecem ter muito mais significação e conteúdo para que o simples uso experimental esgote toda a sua determinação; e assim, insensivelmente, o entendimento constrói para si, ao lado da casa da experiência, um anexo ainda mais considerável que ele enche unicamente de seres inteligíveis, sem mesmo se aperceber de que, com os seus conceitos, aliás exactos, excedeu os limites do seu uso.

§ 34

Era preciso, pois, efectuar duas investigações importantes, e até indispensáveis, embora extremamente áridas, que foram feitas na *Crítica*, p. 137 etc., e 235 etc.; /107 a primeira mostrou que os sentidos não fornecem os conceitos puros do entendimento *in concreto*, mas apenas o esquema para o uso destes conceitos, e que o objecto a ele conforme se encontra unicamente na experiência (como produto que o entendimento tira dos materiais da sensibilidade). Na segunda investigação, mostra-se (*Crít.*, p. 235) que, apesar da independência dos nossos conceitos puros do entendimento e dos nossos princípios puros relativamente à experiência, mais, não obstante o âmbito aparentemente maior do uso, nada se pode pensar através deles fora do campo da experiência, porque eles nada mais podem fazer do que determinar simplesmente a forma lógica do juízo, em relação a intuições dadas; visto que, porém, fora do

/ A 107

campo da sensibilidade, não há nenhuma intuição, esses conceitos puros são desprovidos de significação ao não ser possível por nenhum meio representá-los *in concreto;* por conseguinte, todos os *noumena,* bem como o seu conjunto, o mundo inteligível (1), nada mais são do que representações de um problema /108, cujo objecto é em si certamente possível, mas cuja solução, segundo a natureza do nosso entendimento, é completamente impossível, visto que o nosso entendimento não é uma faculdade de intuição, mas simplesmente uma faculdade da conexão das intuições dadas numa experiência, e que esta deve, portanto, conter todos os objectos dos nossos conceitos; fora dela, porém, todos os conceitos serão sem significação, porque nenhuma intuição lhes pode servir de base.

§ 35

Pode talvez perdoar-se à imaginação se ela, por vezes, divaga, isto é, se não se mantém prudentemente nos limites da experiência, porque, pelo menos, ela é animada e fortalecida por um tal ímpeto de liberdade e será sempre mais fácil moderar a sua ousadia do que ajudar o seu cansaço. Mas que o entendimento divague, ele que deve *pensar,* eis o que nunca pode ser perdoado;

(1) E não mundo *intelectual* (como comumente se diz). *Intelectuais* são, pois, os *conhecimentos* adquiridos através do entendimento e que incidem sobre o nosso mundo sensível; *inteligíveis,* porém, chamam-se os *objectos* quando *unicamente* podem ser representados *pelo entendimento* e aos quais não se pode referir nenhuma das nossas intuições sensíveis. Mas como, no entanto, a cada objecto deve corresponder alguma intuição possível, seria preciso conceber um entendimento que tivesse uma intuição directa das coisas; não temos, porém, a mínima noção de um tal entendimento, por conseguinte, também não dos *seres inteligíveis* a que ele se aplicaria.

/ A 108

com efeito, só com a sua ajuda é possível pôr um limite à imaginação, quando for necessário.

Ele começa, porém, de um modo muito inocente e modesto. Primeiramente, tira a claro os conhecimentos elementares que nele existem antes de toda a experiência mas que, no entanto, devem ter sempre a sua aplicação na experiência. Pouco a pouco, abandona estes limites, e que é que o impediria, visto que o entendimento tirou de si mesmo, com toda a liberdade, /[109] os seus princípios? E agora incide, em primeiro lugar, em forças novamente inventadas na natureza, logo a seguir, em seres fora da natureza, em suma, num mundo para cuja ordenação os materiais de construção não podem faltar-nos, porque são fornecidos em abundância por uma imaginação fecunda e que a experiência, se não os confirma, também nunca os desmente. Eis a razão por que jovens pensadores gostam tanto da metafísica na sua pura forma dogmática e lhe sacrificam muitas vezes o seu tempo e o seu talento, de outro modo, útil.

Mas, de nada pode servir o querer moderar essas estéreis tentativas da razão pura lembrando as múltiplas dificuldades da solução de questões tão profundamente obscuras, lamentando os limites da nossa razão e reduzindo as afirmações a simples conjecturas. Pois, se a *impossibilidade* das mesmas não for claramente estabelecida, e se o *autoconhecimento* da razão não se tornar verdadeira ciência, onde o campo do seu uso legítimo será diferenciado, por assim dizer com uma certeza geométrica, do do seu uso vão e estéril, esses esforços inúteis nunca acabarão completamente.

/ A 109

Como é possível a própria natureza?

§ 36

Esta questão, que é o ponto mais alto que alguma vez a filosofia transcendental pode atingir, e /110 a que ela deve ser conduzida, como ao seu limite e perfeição, contém propriamente duas questões.

Primeiro: Como é possível uma natureza no sentido *material,* isto é, segundo a intuição, como conjunto dos fenómenos, e como são possíveis em geral o espaço, o tempo e o que os enche a ambos, o objecto da sensação? A resposta é: mediante a condição da nossa sensibilidade, segundo a qual é impressionada, à sua maneira própria, por objectos que em si mesmos lhe são desconhecidos e inteiramente diferentes destes fenómenos. Esta resposta foi dada no próprio livro, na estética transcendental, mas aqui, nos Prolegómenos, pela solução da primeira questão capital.

Segundo: Como é possível uma natureza em sentido *formal,* como o conjunto das regras a que é preciso submeter todos os fenómenos, se eles devem ser concebidos como ligados numa experiência? A resposta só pode ser esta: ela é apenas possível graças à constituição do nosso entendimento, segundo a qual todas as representações da sensibilidade são necessariamente referidas a uma consciência, e mediante o que se torna primeiramente possível a nossa maneira própria de pensar, a saber, o pensamento por regras e, por seu intermediário, a experiência que deve inteiramente distinguir-se do conhecimento dos objectos em si. Esta resposta foi dada no próprio livro, na lógica transcendental, mas aqui, nos /111 Prolegómenos, no decurso da solução da segunda questão capital.

Como, porém, seja possível esta propriedade particular da nossa própria sensibilidade, ou a do nosso entendimento e da apercepção necessária que lhe está subjacente

---

/ A 110, 111

e a todo o pensamento, já não há solução e resposta, porque é a ela que temos de recorrer para toda a resposta e para todo o pensamento dos objectos.

Há muitas leis da natureza que só podemos saber mediante a experiência, mas a conformidade a leis na conexão dos fenómenos, isto é, a natureza em geral, não a podemos conhecer por nenhuma experiência, porque a própria experiência precisa de tais leis, que são o fundamento *a priori* da sua possibilidade.

A possibilidade da experiência em geral é, pois, ao mesmo tempo a lei universal da natureza e os princípios da primeira são as próprias leis da segunda. Com efeito, não conhecemos a natureza senão como o conjunto dos fenómenos, isto é, das representações em nós, e não podemos, pois, tirar a lei da sua conexão a não ser dos princípios da sua própria conexão em nós, isto é, das condições da união necessária numa consciência, união que constitui a possibilidade da experiência.

Mesmo a proposição principal, que foi desenvolvida em toda esta secção, a saber, que as leis gerais da natureza /112 podem ser conhecidas *a priori,* leva já por si à proposição: que a legislação suprema da natureza deve residir em nós próprios, isto é, no nosso entendimento, e que não devemos buscar as leis gerais na natureza, mediante a experiência, mas, pelo contrário, devemos buscar a natureza, segundo a sua universal conformidade a leis, simplesmente a partir das condições da possibilidade da experiência inerentes à nossa sensibilidade e ao entendimento; pois, de outro modo, como seria possível conhecer *a priori* estas leis, já que não são regras do conhecimento analítico, mas verdadeiras extensões sintéticas do mesmo? Uma tal e, sem dúvida, necessária concordância dos princípios de uma experiência possível com as leis da possibilidade da natureza só pode ter lugar em virtude de duas causas: ou estas leis são tiradas da natureza mediante a experiência ou, inversamente, a natureza é

/ A 112

derivada das leis da possibilidade da experiência em geral e se confunde absolutamente com a simples conformidade universal a leis desta última. A primeira alternativa é contraditória, pois as leis universais da natureza podem e devem ser conhecidas *a priori* (isto é, independentemente de toda a experiência) e constituir o fundamento de todo o uso empírico do entendimento; portanto, resta apenas a segunda alternativa (¹).

/113 Devemos, porém, distinguir as leis empíricas da natureza, que pressupõem sempre percepções particulares, das leis puras ou universais da natureza que, sem terem por fundamento percepções particulares, contêm simplesmente as condições da sua ligação necessária numa experiência; e, em relação a estas últimas, natureza e experiência *possível* são uma só e mesma coisa e, visto que aqui a conformidade a leis se funda na conexão necessária dos fenómenos numa experiência (sem a qual não podemos conhecer absolutamente nenhum objecto do mundo sensível), por conseguinte, nas leis originais do entendimento, isso soará, sem dúvida, de início estranhamente, mas nem por isso deixa de ser menos certo, se a respeito das últimas eu disser: *o entendimento não extrai as suas leis* (a priori) *da natureza, mas prescreve-lhas*.

---

(1) Somente *Crusius* conheceu uma via média, a saber, que um espírito, que não pode enganar-se nem enganar, nos teria originariamente implantado estas leis da natureza. Só que, em virtude de, mesmo assim, se introduzirem muitas vezes princípios enganadores — e o sistema deste homem /113 não oferece poucos exemplos —, um tal princípio, na ausência de critérios certos para distinguir a origem autêntica da falsa, é, no uso, muito mais perigoso, porque nunca se poder saber com segurança o que o espírito de verdade ou o pai da mentira nos poderá ter inspirado.

/ A 113, nota / A 113

§ 37

Queremos explicar esta proposição, aparentemente ousada, através de um exemplo, o qual deve mostrar: que leis, por nós descobertas nos objectos da intuição sensível, sobretudo quando elas foram reconhecidas /114 como necessárias, são consideradas por nós mesmos como leis que o entendimento aí pôs, embora, por outro lado, sejam em tudo semelhantes às leis naturais, que atribuímos à experiência.

§ 38

Quando se examinam as propriedades do círculo mediante as quais esta figura reúne em si tantas determinações arbitrárias do espaço, sob uma lei universal, nada mais se pode fazer do que atribuir uma natureza a esta coisa geométrica. Assim, duas linhas que se cortam, cortando ao mesmo tempo o círculo, segundo uma direcção qualquer, dividem-se sempre tão regularmente que o rectângulo construído com os segmentos de uma das linhas é igual ao rectângulo da outra. Pergunto agora: «esta lei reside no círculo ou encontra-se no entendimento», isto é, esta figura contém em si, independentemente do entendimento, o fundamento desta lei, ou é o entendimento que, ao ter construído a figura segundo os seus conceitos (a saber, a igualdade dos diâmetros), aí introduz ao mesmo tempo a lei das cordas que se cortam entre si numa proporção geométrica? Depressa se descobre, quando se investigam as provas desta lei, que ela só pode ser deduzida da condição que o entendimento pôs na base da construção desta figura, a saber, a igualdade dos diâmetros. Se agora alargarmos este conceito para seguir ainda mais longe a unidade das múltiplas /115 propriedades das figuras geométricas sob leis comuns, e

/ A 114, 115

se considerarmos o círculo como uma secção cónica, que se encontra, pois, submetida às mesmas condições fundamentais da construção que as outras secções cónicas, vemos que todas as cordas, que se cortam no interior das últimas, da elipse, da parábola e da hipérbole, o fazem sempre de modo que os rectângulos formados pelos seus segmentos, ainda que sendo não iguais, estão sempre entre si em relações iguais. Se formos ainda mais longe, a saber, até às doutrinas fundamentais da astronomia física, então, apresenta-se uma lei física que se estende a toda a natureza material, a da atracção recíproca, cuja regra é que, na razão inversa do quadrado das distâncias, a partir de cada ponto de atracção, ela decresce, da mesma maneira que aumentam as superfícies esféricas em que esta força se estende, o que parece depender necessariamente da própria natureza das coisas e costuma, pois, ser dado como cognoscível *a priori*. Ora, por simples que sejam as origens desta lei, porque se fundam unicamente na relação das superfícies esféricas de diferentes diâmetros, a consequência a partir daí é, porém, de tal modo excelente relativamente à variedade da sua harmonia e à regularidade das mesmas que não só todas as órbitas possíveis dos corpos celestes se estabelecem em secções cónicas, mas que surge ainda entre elas uma relação tal que mais nenhuma outra lei da atracção, além da da relação inversa do quadrado das distâncias, pode /[116] ser concebida como aplicável a um sistema do mundo.

Eis, pois, uma natureza, fundada em leis, que o entendimento conhece *a priori* e, sobretudo, a partir de princípios universais da determinação do espaço. E agora, ponho a questão: residem estas leis naturais no espaço e o entendimento aprende-as ao procurar simplesmente descobrir o sentido fecundo que em cada qual existe ou residem elas no entendimento e na maneira como este determina o espaço segundo as condições da unidade sintética, à qual vão desembocar todos os seus conceitos?

/ A 116

O espaço é algo de tão uniforme e de tão indeterminado relativamente a todas as propriedades particulares que nele, certamente, não se procurará nenhum tesouro de leis naturais. Mas, em contrapartida, o que determina o espaço em forma de círculo, em figura cónica e esférica, é o entendimento, na medida em que contém o fundamento da unidade da construção destas figuras. Por conseguinte, a simples forma universal da intuição, que se chama espaço, é, sem dúvida, o substrato de todas as intuições determináveis quanto a objectos particulares, e nele reside verdadeiramente a condição de possibilidade e da variedade destas intuições; mas, a unidade dos objectos é determinada unicamente pelo entendimento e, certamente, segundo condições que residem na sua própria natureza; assim, pois, o entendimento é a origem da ordem universal da natureza, ao compreender todos os fenómenos sob as suas próprias leis e constituir assim, antes de mais, a experiência (segundo a sua /[117] forma) *a priori,* por intermédio da qual ele submete necessariamente às suas leis tudo o que deve ser conhecido apenas mediante a experiência. Com efeito, não nos ocupamos da natureza das *coisas em si,* que é independente tanto das condições da nossa sensibilidade como do entendimento, mas da natureza enquanto objecto de experiência possível, e o entendimento, ao torná-la possível, faz ao mesmo tempo que o mundo dos sentidos ou não seja um objecto da experiência, ou seja uma natureza.

/ A 117

§ 39

APÊNDICE À CIÊNCIA PURA DA NATUREZA

Do sistema das categorias

A um filósofo nada mais pode ser desejável do que poder, a partir de um princípio *a priori,* derivar a diversidade dos conceitos ou princípios que antes se lhe tinham apresentado dispersos, através do uso que deles fizera *in concreto,* e tudo reunir deste modo num único conhecimento. Primeiramente, ele pensava apenas que o resíduo resultante de uma certa abstracção e que parecia, pela comparação, constituir um género particular /118 de conhecimentos, era reunido completamente, mas não passava de um *agregado;* agora, sabe que apenas esta quantidade, não mais nem menos, pode constituir este modo de conhecimento, e reconheceu a necessidade da sua divisão que é compreensão e tem agora, pela primeira vez, um *sistema.*

Extrair do conhecimento comum os conceitos que não se fundam em nenhuma experiência particular e que,

---

/ A 118

não obstante, ocorrem em todo o conhecimento de experiência, de que, por assim dizer, constituem a simples forma de conexão, não exigia uma maior reflexão ou mais discernimento do que extrair em geral, de uma língua, as regras do uso real das palavras e reunir assim os elementos de uma gramática (na realidade, estes dois empreendimentos são entre si muito aparentados), sem no entanto poder indicar a razão por que cada língua possui justamente esta característica formal e não uma outra, ainda menos porque é que, nem mais nem menos, se podem em geral encontrar tais determinações formais da mesma.

Aristóteles tinha reunido dez conceitos elementares puros deste tipo sob o nome de categorias (1). A estas, também chamadas predicamentos, viu-se ele depois obrigado a acrescentar ainda cinco postpredicamentos (2), que, no entanto, estão já em parte contidos nos outros /119 (assim *prius, simul, motus*); mas, esta rapsódia podia surgir mais como uma indicação útil ao futuro investigador do que como uma ideia normalmente desenvolvida e digna de aprovação; por isso, com a maior ilustração da filosofia, ela foi rejeitada como inteiramente inútil.

Numa inquirição dos elementos puros (sem nada de empírico) do conhecimento humano, consegui pela primeira vez, após longa reflexão distinguir e separar com certeza os conceitos elementares puros da sensibilidade (espaço e tempo) dos do entendimento. Foram assim excluídas dessa lista a sétima, oitava e nona categorias. As outras de nada me podiam servir, porque não existia nenhum princípio segundo o qual se pudesse medir totalmente o entendimento e determinar de modo completo

---

(1) 1. *Substantia;* 2. *Qualitas;* 3. *Quantitas;* 4. *Relatio;* 5. *Actio;* 6. *Passio;* 7. *Quando;* 8. *Ubi;* 9. *Situs;* 10. *Habitus.*

(2) *Oppositum, Prius, Simul, Motus, Habere.*

/ A 119

e com precisão todas as funções, de onde provêm os seus conceitos puros.

Para descobrir um semelhante princípio, procurei uma operação do entendimento que, contendo todas as outras e distinguindo-se apenas por modificações ou momentos diversos, submeteria o múltiplo da representação à unidade do pensamento em geral; e descobri então que esta operação do entendimento consistia no juízo. Dispunha assim de um trabalho já pronto, embora não inteiramente isento de deficiências, dos lógicos, mediante o qual eu estaria no estado de apresentar um quadro completo das funções puras do entendimento, que, porém, eram indeterminadas /[120] em relação a todo o objecto. Finalmente, referi estas funções do juízo a objectos em geral, ou antes, à condição que determina juízos como objectivamente válidos; e surgiram conceitos puros do entendimento acerca dos quais não tinha qualquer dúvida de que só eles, nem mais nem menos, podem constituir todo o nosso conhecimento das coisas pelo entendimento puro. Chamei-as, como era justo, com o seu velho nome de *categorias*, guardando-me de acrescentar completamente, sob o nome de *predicáveis*, todos os conceitos delas deduzíveis, quer por conexão recíproca, quer por ligação com a forma pura do fenómeno (espaço e tempo) ou com a sua matéria, na medida em que ela não está ainda empiricamente determinada (objecto da sensação em geral), logo que foi necessário estabelecer um sistema da filosofia transcendental, para cujo fim eu tinha agora unicamente de me ocupar da própria crítica da razão.

Mas, o essencial neste sistema das categorias, pelo qual se distingue dessa antiga rapsódia, que avançava sem qualquer princípio, e em virtude do qual ele unicamente merece um lugar na filosofia, consiste em que, graças às categorias, o verdadeiro sentido dos conceitos puros do entendimento e a condição do seu uso podem ser determinados com exactidão. Com efeito, revelou-se

---

/ A 120

que elas em si nada mais são do que funções lógicas, que, como tais, não constituem em si o menor conceito de um objecto /121 mas precisam de se fundar na intuição sensível, e que, então, apenas servem para determinar, em relação às funções do julgar, juízos empíricos que, de outro modo, são indeterminados e indiferentes relativamente a estas funções, procurando-lhes assim uma validade universal e tornando por seu intermédio possíveis *juízos de experiência* em geral.

Nem ao primeiro autor das categorias, nem a ninguém depois dele ocorreu uma tal compreensão da natureza das categorias, que ao mesmo tempo as confinava ao uso da simples experiência; mas, sem esta concepção (que depende muito exactamente da sua derivação ou dedução), elas são inteiramente inúteis, uma miserável nomenclatura, sem explicação e sem regra do seu uso. Se alguma vez os Antigos tivessem tido esta ideia, todo o estudo do conhecimento puro da razão, que, sob o nome de metafísica, arruinou durante tantos séculos muitos bons espíritos, teria sem dúvida a nós chegado sob uma forma inteiramente diferente, e teria esclarecido o entendimento dos homens, em vez de o esgotar, como realmente aconteceu, em subtilezas obscuras e vãs, e o tornar inutilizável para a verdadeira ciência.

Este sistema das categorias torna, por sua vez, sistemático todo o estudo de qualquer objecto da razão pura e fornece uma indicação ou um fio director, que não se podem pôr em dúvida, para saber como e segundo que marcos /122 da investigação deve ser conduzida cada consideração metafísica, a fim de ser completa: com efeito, ele esgota todos os momentos do entendimento, sob os quais deve ser integrado qualquer outro conceito. Assim surgiu o quadro dos princípios acerca de cuja integralidade se fica ciente unicamente mediante o sistema das categorias; e mesmo na divisão dos conceitos que devem ultrapassar o uso fisiológico do enten-

---

/ A 121, 122

dimento (*Crítica,* p. 344 e 415) é sempre o mesmo fio condutor que, em virtude de haver de ser conduzido pelos mesmos pontos fixos, determinados *a priori* no entendimento humano, constitui constantemente um círculo fechado; e este não permite duvidar que o objecto de um conceito puro do entendimento ou da razão, enquanto deve ser pesado filosoficamente e segundo princípios *a priori,* possa ser deste modo inteiramente conhecido. Nem sequer pude dispensar-me de fazer uso desta direcção relativamente a uma das divisões ontológicas mais abstractas, a saber, a distinção múltipla dos *conceitos de alguma coisa e do nada,* e de estabelecer em seguida um quadro regular e necessário (*Crítica,* p. 292) (1).

/123 Justamente este sistema, como todo o verda-

---

(1) Acerca de um quadro prévio das categorias podem fazer-se todas as espécies de observações, por exemplo: 1) que a terceira resulta da combinação num conceito da primeira e da segunda; 2) que nas categorias de quantidade e qualidade existe apenas um progresso da unidade para a totalidade, ou de alguma coisa para o nada (em vista disso, as categorias da qualidade devem ser assim colocadas: realidade, limitação, negação absoluta), sem *correlata* ou *opposita,* que, em contrapartida, comportam as da relação e da modalidade; /120 3) que, assim como na ordem *lógica* os juízos categóricos são o fundamento de todos os outros, assim a categoria de substância constitui o fundamento de todos os conceitos de coisas reais; 4) que, assim como a modalidade no juízo não é um predicado particular, assim também os conceitos de modalidade não acrescentam às coisas nenhumas determinações, etc. Semelhantes considerações possuem todas uma grande utilidade. Se, além disso, se enumerarem todos os *predicáveis* que se podem tirar quase completamente de toda a boa ontologia (por exemplo, a de Baumgarten), e se ordenarem por classes sob categorias, sem omitir ou aí acrescentar uma análise tão completa quanto possível de todos estes conceitos, surgirá uma parte puramente analítica da metafísica, que ainda não contém nenhuma proposição sintética e que poderia preceder a segunda parte (a parte sintética), não só seria útil pela sua precisão e integralidade, mas conteria ainda, em virtude do seu elemento sistemático, uma certa beleza.

/ A 123; nota / A 123

deiro sistema fundado num princípio universal, mostra a sua utilidade, que não pode apreciar-se suficientemente, também ao excluir todos os conceitos de um género diferente, que, de outro modo, poderiam introduzir-se entre esses conceitos puros do entendimento, e ao fixar a cada conhecimento o seu lugar. Esses conceitos, que eu, sob o nome de *conceitos de reflexão,* também integrei num quadro, graças ao fio condutor das categorias, misturam-se na ontologia, sem permissão e pretensões legítimas, com os conceitos puros do entendimento, embora estes sejam conceitos de conexão, e, por conseguinte, conceitos do próprio objecto, e aqueles, conceitos de simples comparação entre conceitos já dados, tendo, por consequência, uma natureza e um uso totalmente diversos; através da minha divisão correcta, são tirados dessa confusão (*Crítica,* p. 260). Mas a utilidade desse quadro distinto das categorias salta ainda muito mais aos olhos /124, se separarmos, como irá suceder já a seguir, o quadro dos conceitos transcendentais da razão, que são de uma natureza e de uma origem inteiramente diferente das dos conceitos do entendimento (deverá, pois, ter uma forma totalmente diversa); esta distinção tão necessária nunca foi, porém, realizada em qualquer sistema de metafísica, eis porque as ideias da razão se encontram confundidas com conceitos do entendimento como se, à maneira de irmãos, pertencessem a uma mesma família e entre eles não houvesse diferenças; confusão essa que jamais podia evitar-se, à falta de um sistema particular das categorias.

/ A 124

TERCEIRA PARTE

DA QUESTÃO TRANSCENDENTAL CAPITAL

Como é possível a metafísica em geral?

§ 40

A matemática pura e a ciência pura da natureza não teriam, *em vista da sua própria segurança* e certeza, necessitado de uma tal dedução, como a fizemos até agora para cada uma delas; com efeito, a primeira apoia-se na sua própria evidência; a segunda, porém, embora proveniente das fontes puras do entendimento, funda-se na experiência e na sua confirmação constante; e não pode /125 recusar totalmente o testemunho da última e a ele esquivar-se porque, apesar de toda a sua certeza, nunca pode, enquanto filosofia, igualar-se à matemática. Ambas as ciências não tinham, pois, necessidade desta investigação por si mesmas, mas por outra ciência, a saber, e metafísica.

/ A 125

A metafísica, além dos conceitos da natureza, que encontram sempre a sua aplicação na experiência, tem ainda a ver com conceitos puros da razão, que nunca são dados numa experiência qualquer possível, por conseguinte, com conceitos cuja realidade objectiva (isto é, que não são simples quimeras) e com afirmações cuja verdade ou falsidade não pode ser confirmada ou revelada por nenhuma experiência; além disso, esta parte da metafísica é justamente aquela que constitui o seu fim essencial, para a qual tudo o mais é apenas meio; e assim esta ciência precisa *por mor de si mesma* de uma tal dedução. A terceira questão, que agora nos é proposta, diz, pois, de algum modo respeito ao cerne e à peculiaridade da metafísica, a saber, a aplicação da razão simplesmente a si mesma e o pretenso conhecimento objectivo que decorreria imediatamente da razão incubando os seus próprios conceitos, sem para isso ter necessidade da mediação da experiência, ou que em geral aí possa chegar através dela /(1).

/126 Sem a resolução desta questão, a razão jamais se satisfará a si mesma. O uso experimental, a que a razão confina o entendimento puro, não cumula toda a determinação própria da razão. Cada experiência particular é apenas uma parte da esfera inteira do seu domínio, mas a *totalidade absoluta de toda a experiência possível* não é em si mesma nenhuma experiência; constitui, no entanto, para a razão, um problema necessário, cuja simples repre-

---

(1) Se se pode dizer que uma ciência é *real,* pelo menos, na ideia de todos os homens, logo que se estabelece que os problemas, que aí conduzem, são postos a cada um pela natureza da razão humana e que, por conseguinte, é inevitável /126 que em todo o tempo se façam a seu respeito tentativas numerosas, embora defeituosas, será igualmente forçoso dizer: que a metafísica é realmente (e, sem dúvida, necessariamente) subjectiva, pelo que nos interrogamos com razão como ela será (objectivamente) possível.

/ A 126; nota / A 126

sentação exige conceitos inteiramente diferentes dos conceitos puros do entendimento, cujo uso é apenas *imanente,* isto é, incide na experiência, tanto quanto ela pode ser dada, ao passo que os conceitos da razão incidem na integralidade, isto é, na unidade colectiva de toda a experiência possível, e assim ultrapassam toda a experiência dada e se tornam *transcendentes.*

Portanto, assim como o entendimento precisava das categorias para a experiência, de igual modo a razão contém em si o princípio das ideias; por elas entendo eu conceitos necessários cujo objecto, no entanto, não *pode* ser dado em nenhuma experiência. As ideias estão na natureza da razão como as categorias estão na do entendimento, e, se elas comportam uma aparência que facilmente pode seduzir, essa aparência é inevitável, embora se possa perfeitamente obstar a «que ela não cause ilusão».

/127 Visto que toda a aparência consiste em considerar como objectivo o princípio subjectivo do juízo, o autoconhecimento da razão pura, no seu uso transcendente (exuberante) será o único preservativo contra os extravios em que a razão se perde, quando ela se ilude quanto à sua destinação e refere de modo transcendente ao objecto em si o que apenas concerne ao seu próprio sujeito e à direcção deste em todo o uso imanente.

§ 41

A distinção das *ideias,* isto é, dos conceitos puros da razão, relativamente às categorias ou conceitos puros do entendimento, enquanto conhecimentos de um tipo, origem e uso inteiramente diversos, é uma coisa tão importante para a fundamentação de uma ciência, a qual deve conter o sistema de todos os conhecimentos *a priori,* que, sem uma tal distinção, a metafísica é absolu-

---

/ A 127

tamente impossível ou, quando muito, é uma tentativa incorrecta e apressada de construir com pedaços um castelo de cartas sem conhecimento dos materiais com que se lida e da sua conveniência para este ou aquele uso. Se a Crítica da razão pura tivesse apenas conseguido primeiramente realçar esta distinção, teria já assim contribuído mais para esclarecer o nosso conceito e dirigir a investigação no campo da metafísica, do que todos os esforços inúteis para satisfazer os problemas transcendentes da razão pura /[128], que desde sempre se empreenderam, sem jamais se suspeitar que nos encontramos num campo inteiramente diverso do do entendimento e que, por conseguinte, se enumeravam, de uma assentada, conceitos do entendimento e conceitos da razão, como se fossem de uma só e mesma espécie.

§ 42

Todos os conhecimentos puros do entendimento têm em si a peculiaridade de os seus conceitos serem dados na experiência, e de os seus princípios serem confirmados através da experiência; em contrapartida, os conhecimentos transcendentes da razão, no tocante às suas *ideias,* não se apresentam na experiência, nem as suas *proposições* são alguma vez confirmadas ou contraditas pela experiência; por conseguinte, o erro que aqui se insinuaria por nada mais pode ser descoberto a não ser pela razão pura; mas, isso é muito difícil porque justamente esta razão, graças às suas ideias, se torna naturalmente dialéctica e esta inevitável aparência não pode ser contida nos limites pelas investigações objectivas e dogmáticas das coisas, mas simplesmente pelas investigações subjectivas feitas pela própria razão, enquanto fonte das ideias.

/ A 128

§ 43

Na Crítica, a minha maior preocupação foi sempre a de como poderia não só distinguir cuidadosamente os modos de conhecimento, mas também derivar da sua fonte comum /129 todos os conceitos pertencentes a cada um deles, a fim de não só conseguir, sabendo a sua origem, determinar o seu uso com segurança, mas também de ter a vantagem, ainda insuspeitada até aqui, porém, inestimável, de reconhecer *a priori* e, por conseguinte, segundo princípios, se a enumeração, a classificação e a definição dos conceitos eram completas. Sem isso, tudo na metafísica é simples rapsódia, onde nunca se sabe se o que se possui é suficiente ou se ainda faltaria alguma coisa e onde. Sem dúvida, só na filosofia pura se pode ter esta vantagem; esta mesma constitui, porém, a sua essência.

Visto que eu encontrara a origem das categorias nas quatro funções lógicas de todos os juízos do entendimento, era inteiramente natural buscar a origem das ideias nas três funções do raciocínio; com efeito, se tais conceitos puros racionais (ideias transcendentais) são dados, poderiam muito bem, a não ser que se considerem inatos, não se encontrar em mais nenhum lugar excepto na própria operação da razão que, ao dizer respeito apenas à forma, constitui o elemento lógico dos raciocínios, mas que, ao representar os juízos do entendimento como determinados relativamente a uma ou outra forma *a priori*, constitui os conceitos transcendentais da razão pura.

A diferença formal dos raciocínios torna necessária a divisão dos mesmos em categóricos, hipotéticos e disjuntivos. Os conceitos da razão /130 aí fundados contêm, pois, em primeiro lugar, a ideia do sujeito completo (substancial); em segundo lugar, a ideia da série completa das condições; em terceiro, a determinação de todos

---

/ A 129, 130

os conceitos na ideia de um conjunto completo do possível (1). A primeira ideia era psicológica, a segunda cosmológica, a terceira teológica, e, visto que as três dão lugar a uma dialéctica, cada uma, porém, à sua maneira, daí resultou a divisão de toda a dialéctica da razão pura: em paralogismo, antinomia e, por fim, ideal da razão pura; através de tal divisão, fica-se inteiramente certo de que todas as pretensões da razão pura são aqui apresentadas por completo, não podendo faltar nenhuma, porque a própria faculdade racional, donde elas tiram toda a sua origem, é assim inteiramente medida.

§ 44

Nestas considerações, é, em geral, ainda notável que as ideias da razão não nos sirvam em nada, como as categorias /131, para o uso do entendimento relativamente à experiência; mas são inteiramente dispensáveis a respeito dela, mais ainda, opõem-se às máximas do conhecimento racional da natureza e constituem para elas um obstáculo, embora sejam, porém, necessárias para um outro fim ainda a determinar. Para a explicação dos fenómenos da alma, pode ser-nos de todo indiferente se

(1) No juízo disjuntivo, consideramos toda a *possibilidade* como dividida em relação a um certo conceito. O princípio ontológico da determinação universal de uma coisa em geral (de todos os predicados contraditórios possíveis, cabe um a cada coisa), que é ao mesmo tempo o princípio de todos os juízos disjuntivos, tem por fundamento o conjunto de toda a possibilidade, no qual a possibilidade de cada coisa em geral é considerada como determinada. Isso serve para uma pequena elucidação da proposição precedente: que a operação da razão nos raciocínios disjuntivos é, segundo a forma, idêntica àquela pela qual ela estabelece a ideia de uma totalidade de toda a realidade, que contém em si o elemento positivo de todos os predicados entre si contraditórios.

/ A 131

ela é ou não uma substância simples; com efeito, não podemos por nenhuma experiência possível tornar sensível, portanto *in concreto,* inteligível, o conceito de um ser simples; e, por isso, esse conceito é inteiramente vazio relativamente à penetração esperada na causa dos fenómenos e não pode servir de princípio de explicação para o que nos fornece a experiência interna ou externa. Tão-pouco as ideias cosmológicas sobre o começo do mundo ou a sua eternidade *(a parte ante)* nos podem servir para explicar um acontecimento qualquer do próprio mundo. Finalmente, segundo uma máxima correcta da filosofia da natureza, devemos abster-nos de toda a explicação da disposição da natureza, tirada da vontade de um ser supremo, porque já não se trata de filosofia da natureza, mas é antes a confissão de que, para nós, se chegou ao fim. Estas ideias têm, pois, uma determinação do seu uso, inteiramente diversa da das categorias, mediante as quais e os princípios daí resultantes, a própria experiência se torna primeiramente possível. No entanto, a nossa laboriosa analítica do entendimento seria, por isso, /132 inteiramente supérflua se nada mais tivéssemos em vista do que o simples conhecimento da natureza, tal como ele pode ser dado na experiência; pois, a razão faz o que lhe incumbe tanto na matemática como na ciência da natureza de um modo totalmente seguro e conveniente, sem toda esta subtil dedução: assim, a nossa crítica do entendimento une-se às ideias da razão pura em vista de um fim que ultrapassa o uso empírico do entendimento, uso a cujo respeito dissemos antes que, sob este aspecto, é inteiramente impossível, sem objecto ou sem significação. Mas é preciso, porém, que haja concordância entre o que pertence à natureza da razão e o que é próprio da natureza do entendimento; e aquela deve contribuir para a perfeição desta última e não é possível que a possa perturbar.

/ A 132

A solução desta questão é a seguinte: a razão pura não visa entre as suas ideias objectos particulares, que se situem para lá do campo da experiência, mas exige apenas a totalidade do uso do entendimento no encadeamento da experiência. Esta totalidade, porém, só pode ser uma totalidade dos princípios, não das intuições e dos objectos. Contudo, para dela ter uma representação determinada, ela concebe-a como o conhecimento de um objecto, cujo conhecimento é perfeitamente determinado em relação a essas regras, mas esse objecto é apenas uma ideia para aproximar o mais possível o conhecimento do entendimento da totalidade que essa ideia designa.

/[133] § 45

NOTA PRELIMINAR À DIALÉCTICA DA RAZÃO PURA

Mostrámos antes, nos parágrafos 33 e 34, que a ausência nas categorias de toda a mescla de determinações sensíveis pode induzir a razão a estender o seu uso, para lá de toda a experiência, às coisas em si, se bem que, em virtude de não encontrarem nenhuma intuição que lhes poderia fornecer uma significação e um sentido *in concreto,* elas possam, como funções simplesmente lógicas, representar sem dúvida uma coisa em geral, mas sem poderem por si mesmas dar de qualquer coisa um conceito determinado. Objectos hiperbólicos deste género são os que se chamam *noumena* ou puros seres do entendimento (melhor, seres de pensamento), como, por exemplo, a *substância,* mas concebida *sem permanência* no tempo, ou uma *causa,* sem acção *no tempo,* etc., visto que se lhes conferem predicados que servem simplesmente para tornar possível a conformidade da experiência a leis e se lhes tiram, no entanto, todas as condições da intuição

/ A 133

sob as quais unicamente é possível a experiência: pelo que estes conceitos de novo perdem toda a significação.

Não há, porém, que recear que o entendimento por si mesmo, sem ser impelido por leis estranhas, se extravie tão caprichosamente para lá das suas fronteiras no campo dos simples seres de pensamento. Mas quando a /134 razão, que não pode inteiramente satisfazer-se com nenhum uso empírico das regras do entendimento, porquanto ele é sempre condicionado, exige o remate desta cadeia de condições, o entendimento é impelido para fora da sua esfera para, em parte, representar objectos de experiência numa série tão extensa que nenhuma experiência a pode abranger, e em parte procurar mesmo (a fim de acabar a série), inteiramente no exterior, *noumena* aos quais a razão possa ligar essa cadeia e mediante os quais, independente por fim das condições da experiência, ela consiga no entanto perfazer-se integralmente. São essas as ideias transcendentais, que, dispostas possivelmente segundo o seu fim verdadeiro, mas oculto, da destinação natural da nossa razão, não em vista de conceitos desmedidos, mas simplesmente em vista de uma extensão ilimitada do uso experimental, atraem contudo, por uma ilusão inevitável, o entendimento a um uso *transcendente,* o qual, se bem que enganador, não pode, porém, ser constrangido, por nenhuma resolução, a permanecer no interior dos limites da experiência, mas apenas aí pode ser mantido através da disciplina científica e com esforço.

/ A 134

§ 46

I. Ideias psicológicas

(Crítica, p. 342 e seg.)

Já há muito se observou que o sujeito propriamente dito de todas as substâncias, a saber, o que /[135] resta depois de todos os acidentes (como predicados) terem sido eliminados, por conseguinte, o próprio *substancial,* nos é desconhecido, e muitas vezes se lamentaram estes limites da nossa inteligência. Deve, porém, aqui notar-se que não se podem atribuir as culpas ao entendimento humano por ele não conhecer o substancial das coisas, isto é, não o poder determinar em si, mas antes por querer conhecê-lo, enquanto simples ideia, com a determinação de um objecto dado. A razão pura exige que procuremos forçosamente para cada predicado de uma coisa o sujeito que lhe pertence e que para este, o qual por sua vez necessariamente só é predicado, busquemos o seu sujeito e assim até ao infinito (ou até onde possamos ir). Segue-se daqui, porém, que nada do que podemos atingir devemos considerar como um sujeito último, e que o próprio substancial nunca pode ser pensado pelo nosso entendimento, por mais profundamente que penetre, mesmo se toda a natureza lhe estivesse patente; porque a natureza específica do nosso entendimento consiste em pensar tudo discursivamente, isto é, mediante conceitos, por conseguinte, mediante apenas predicados a que deve, pois, faltar sempre o sujeito absoluto. Eis porque todas as propriedades reais pelas quais conhecemos os corpos são simplesmente acidentes, mesmo a impenetrabilidade, que deve sempre representar-se unicamente como o efeito de uma força, para a qual nos falta o sujeito.

/ A 135

/136 Ora, parece que na consciência de nós próprios (no sujeito pensante) possuímos este elemento substancial e, sem dúvida, numa intuição imediata; pois, todos os predicados do sentido interno se referem ao eu, como sujeito, e este não pode mais ser pensado como predicado de qualquer outro sujeito. Assim, a totalidade na relação dos conceitos, dados como predicados, a um sujeito parece aqui ser fornecida pela experiência, não uma simples ideia, mas o objecto, a saber, o próprio *sujeito absoluto*. No entanto, esta expectativa é ludibriada. Pois, o eu não é nenhum conceito (1), mas apenas a designação do objecto do sentido interno, quando já não podemos conhecê-lo por meio de um predicado; por conseguinte, não pode certamente ser em si o predicado de uma outra coisa, mas também não pode ser um conceito determinado de um sujeito absoluto; é apenas, como em todos os outros casos, a relação dos fenómenos internos ao seu sujeito desconhecido. No entanto, esta ideia (que serve muito bem, enquanto princípio regulador, para aniquilar totalmente todas as explicações materialistas dos fenómenos internos da nossa alma) suscita, mediante um equívoco inteiramente natural, um argumento /137 muito enganoso, que conclui, deste pretenso conhecimento do elemento substancial do nosso ser pensante, para a sua natureza, na medida em que o conhecimento desta se encontra totalmente fora do conjunto da experiência.

---

(1) Se a representação da apercepção, o eu, fosse um conceito mediante o qual qualquer coisa seria pensada, poderia ele ser utilizado como predicado de outras coisas, ou conter em si tais predicados. Ora, nada mais é que o sentimento de uma existência sem o menor conceito e apenas representação daquilo a que se relaciona todo o pensamento *(relatione accidentis)*.

/ A 136, 137

§ 47

Este eu pensante (a alma), enquanto sujeito último do pensamento, que em si mesmo não pode ser representado como predicado de uma outra coisa, pode certamente chamar-se substância: este conceito permanece, no entanto, absolutamente vazio e sem qualquer consequência, se não for possível demonstrar a sua permanência como aquilo que, na experiência, torna fecundo o conceito das substâncias.

Mas a permanência nunca pode ser provada a partir do conceito de uma substância enquanto coisa em si, mas apenas em vista da experiência. Isto foi estabelecido de modo suficiente na primeira analogia da experiência (*Crítica,* p. 182) e, se não se quiser render a esta prova, pode apenas tentar-se pessoalmente se consegue provar-se, a partir do conceito de um sujeito, que em si mesmo não existe como predicado de uma outra coisa, que a sua existência é absolutamente permanente e que não pode nascer ou desaparecer por si mesmo, nem em virtude de qualquer coisa da natureza. Tais proposições sintéticas *a priori* nunca podem em si mesmas ser provadas, mas sempre apenas em relação a coisas /[138] enquanto objectos de uma experiência possível.

§ 48

Se, pois, queremos concluir, a partir do conceito da alma como substância, para a sua permanência, esta conclusão só pode valer para a alma em vista de uma experiência possível, e não enquanto coisa em si e fora de toda a experiência possível. Ora, a vida é a condição subjectiva de toda a nossa experiência possível: por conseguinte, só se pode concluir para a permanência da alma na vida, pois a morte do homem é o fim de toda a expe-

/ A 138

riência, relativamente à alma, objecto de experiência, enquanto não se provar o contrário, o que está precisamente em questão. Assim, a permanência da alma pode apenas ser provada na vida do homem (de cuja prova nos dispensarão), mas não após a morte (e é justamente isso que nos interessa) e, sem dúvida, pela razão geral de que o conceito de substância, na medida em que ele deve ser considerado como necessariamente ligado ao de permanência, só o pode ser segundo um princípio de experiência possível e, por conseguinte, unicamente em vista desta experiência (1).

---

(1) É, na realidade, muito curioso que os metafísicos tenham sempre resvalado tão descuidadamente no princípio da permanência das substâncias sem jamais terem tentado uma prova; sem dúvida, porque, logo que eles se aplicavam ao conceito de substância, se viam inteiramente desprovidos de todos os meios de prova. O sentido comum, que percebeu bem que, sem este pressuposto, não era possível nenhuma ligação das percepções /139 numa experiência, substituiu esta carência por um postulado; pois, nunca poderia tirar este princípio da própria experiência, em parte porque ela não pode seguir as matérias (substâncias), em todas as suas transformações e decomposições, suficientemente longe para encontrar sempre a matéria sem diminuição, em parte porque o princípio contém *necessidade*, a qual é sempre o sinal de um princípio *a priori*. Aplica-se então confiadamente este princípio ao conceito da alma enquanto *substância* e concluíram pela sua persistência necessária depois da morte do homem (sobretudo, porque a simplicidade desta substância deduzida da indivisibilidade da consciência lhes servia de garantia contra a destruição por decomposição). Se eles tivessem encontrado a fonte autêntica deste princípio, o que exigia, no entanto, investigações muito mais profundas do que as que alguma vez tiveram prazer em empreender, teriam visto que esta lei da permanência das substâncias só tem lugar em vista da experiência e, por conseguinte, só vale para coisas na medida em que elas devem ser conhecidas e unidas com outras na experiência, mas nunca para elas independentemente de toda a experiência possível; por conseguinte, também não valeria para a alma após a morte.

Nota / A 139

/[139] § 49

Que às nossas percepções externas não só corresponde, mas deve também corresponder algo de real fora de nós, é o que nunca pode ser provado como ligação das coisas em si mesmas, mas sim em vista da experiência. Isto quer dizer: que pode muito bem demonstrar-se que alguma coisa existe fora de nós empiricamente, por conseguinte, como fenómeno no espaço; pois, não temos a ver com outros objectos senão com os que pertencem a uma experiência possível, precisamente porque não podem ser-nos dados em nenhuma experiência e, por conseguinte, nada são para nós. Fora de mim, é empírico o que é intuído no espaço e /[140] visto que este, com todos os fenómenos que contém, pertence às representações, cuja ligação, segundo as leis da experiência, demonstra tanto a sua verdade objectiva como a ligação dos fenómenos do sentido interno, a realidade da minha alma (como objecto do sentido interno), sou consciente, mediante a experiência externa, tanto da realidade dos corpos, enquanto fenómenos exteriores no espaço, como, por meio da experiência interna, da existência da minha alma no tempo, a qual eu apenas posso reconhecer como um objecto do sentido interno através dos fenómenos que constituem um estado interno, e cuja essência em si mesma, que serve de fundamento aos fenómenos, me é desconhecida. O idealismo cartesiano distingue, pois, apenas a experiência externa do estado do sonho, e a conformidade a leis, como critério de verdade da primeira, da desordem e da falsa aparência do segundo. Pressupõe em ambos o espaço e o tempo como condições da existência dos objectos, e interroga-se apenas se os objectos dos sentidos externos se encontram realmente no espaço, aos quais aí colocamos no estado de vigília, da mesma maneira que o objecto do sentido interno, a alma, se encontra realmente no tempo, isto é,

---

/ A 139, 140

se a experiência comporta critérios seguros que a distinguem da imaginação. Aqui facilmente se pode dissipar uma dúvida, e fazemo-lo constantemente na vida comum, ao investigarmos /141 em ambos os casos a ligação dos fenómenos segundo as leis gerais da experiência; e, se a representação das coisas exteriores concorda absolutamente, não podemos duvidar que elas não devam constituir uma experiência verdadeira. O idealismo material, visto que os fenómenos enquanto fenómenos são unicamente considerados segundo a sua ligação na experiência, pode, pois, ser muito facilmente refutado e a experiência da existência dos corpos fora de nós (no espaço) é tão certa como, segundo a representação do sentido interno (no tempo), a minha própria existência: com efeito, o conceito *'fora de nós'* exprime apenas a existência no espaço. Mas, como o eu na proposição: Eu sou, não significa apenas o objecto da intuição interna (no tempo), mas também o sujeito da consciência, como o corpo não significa simplesmente a intuição externa (no espaço), mas também a coisa em si, que é o fundamento deste fenómeno, então, à questão: se os corpos (enquanto fenómenos do sentido externo) existem enquanto corpos *fora do meu pensamento,* pode responder-se sem hesitar negativamente, no que concerne à natureza; mas as coisas não se passam diferentemente com a questão de se eu mesmo, enquanto *fenómeno do sentido interno* (alma segundo a psicologia empírica), existo fora da minha representação própria, pois esta também deve receber uma resposta negativa. Deste modo, tudo está determinado e certo, quando se reduz à sua verdadeira significação. O idealismo formal (também por mim chamado transcendental), elimina realmente o idealismo material ou cartesiano. Pois, se o /142 espaço nada mais é do que uma forma da minha sensibilidade, então, ele é, como representação em mim, tão real como eu próprio, e trata-se apenas da verdade empírica dos fenómenos

/ A 141, 142

nele. Mas, se assim não é, se o espaço e os fenómenos são nele algo de existente fora de nós, então, todos os critérios da experiência fora da nossa percepção jamais poderão provar a realidade destes objectos fora de nós.

II. Ideia cosmológica

(Crítico, p. 405 e ss.)

§ 50

Este produto da razão pura no seu uso transcendente é o seu fenómeno mais notável, aquele que, entre todos, age mais poderosamente para despertar a filosofia do seu sono dogmático e a impelir para a obra árdua da crítica da própria razão.

Chamo a esta ideia cosmológica porque ela toma sempre o seu objecto unicamente no mundo sensível, não precisa de nenhuma outra ideia a não ser aquela cujo objecto é um objecto sensível, por conseguinte, enquanto imanente e não transcendente, por conseguinte, até então não é ainda nenhuma ideia; em contrapartida, conceber a alma como uma substância simples é já como conceber um objecto (o simples), tal como não se pode representar aos sentidos. No entanto, a ideia cosmológica estende a ligação do condicionado com a sua condição (quer ela seja /143 matemática ou dinâmica) a tal ponto que a experiência jamais se lhe pode equiparar e, por consequência, é sempre, em relação a este ponto, uma ideia cujo objecto nunca pode ser dado adequadamente numa experiência qualquer.

/ A 143

§ 51

Aqui se mostra, em primeiro lugar, a utilidade de um sistema das categorias de um modo tão claro e incontestável que, mesmo se não existissem outras provas, esta só bastaria para demonstrar que elas são indispensáveis no sistema da razão pura. Tais ideias transcendentes não são mais do que quatro, tantas como as classes de categorias; mas, em cada uma das mesmas, elas dizem apenas respeito à totalidade absoluta da série das condições para um dado condicionado. De acordo com estas ideias cosmológicas, há também apenas quatro espécies de afirmações dialécticas da razão pura, as quais, visto serem dialécticas, provam assim que a cada uma delas, segundo princípios igualmente aparentes da razão pura, se opõe um princípio contraditório; nenhuma arte metafísica das mais subtis distinções pode impedir este conflito, mas sim aquela que força o filósofo a regressar às primeiras fontes da razão pura. Esta antinomia, que não é inventada arbitrariamente, mas radica na natureza da razão humana, sendo, por conseguinte, inevitável e jamais tendo um fim, contém as quatro teses seguintes com as suas antíteses.

/144 1. *Tese*

O mundo, segundo o tempo e o espaço, tem um começo (limite)

Antítese

O mundo, segundo o tempo e o espaço, é infinito

2. *Tese*

Tudo, no mundo, é constituído pelo *simples*

/ A 144

Antítese

Nada é simples, mas tudo é *composto*

3. *Tese*

Há no mundo causas através da *liberdade*

Antítese

Não há liberdade, mas tudo é *natureza*

4. *Tese*

Na série das causas do mundo, existe um *ser necessário*

Antítese

Nesta série, nada é necessário, mas *tudo* é aí *contingente*

§ 52

Eis aqui, pois, o mais estranho fenómeno da razão humana, de que não se pode mostrar nenhum exemplo em qualquer outro dos seus usos. Se, como frequentemente acontece, concebermos os fenómenos do mundo dos sentidos como coisas em si, se aceitarmos os princípios da sua ligação como universais para as coisas / 145
em si e não simplesmente para a experiência, o que, pois, é igualmente habitual, até mesmo inevitável, sem a nossa crítica, manifesta-se assim um conflito inesperado que nunca pode pacificar-se pelo habitual método dogmático, porque tanto a tese como a antítese podem ser estabelecidas por provas igualmente luminosas, claras e irresistíveis — e eu respondo pela justeza de todas estas provas —, e a razão vê-se assim dividida consigo mesma, situação acerca da qual se alegra o céptico, mas que lança o filósofo crítico para a reflexão e inquietude.

/ A 145

§ 52 b

Em metafísica, de muitos modos se pode tactear, sem precisamente recear o encontro com o erro. Pois, basta não contradizer-se a si mesmo, o que é perfeitamente possível nas proposições sintéticas, ainda que fossem totalmente inventadas: assim, em todos estes casos, onde os conceitos, que ligamos, são simples ideias, que não podem ser dadas na experiência (segundo todo o seu conteúdo), nunca podemos ser contestados pela experiência. Pois, como estabelecer pela experiência: se o mundo existe desde a eternidade, se tem um começo, se a matéria é divisível ao infinito ou consta de partes simples? Tais conceitos não são fornecidos por nenhuma experiência, /146 mesmo pela mais extensa; por conseguinte, a inexactidão da proposição afirmativa ou negativa não pode provar-se por esta pedra de toque.

O único caso possível em que a razão manifestaria, contra a sua própria vontade, a sua dialéctica secreta, que falsamente propõe como uma dogmática, seria aquele em que ela fundaria uma afirmação num princípio universalmente reconhecido, e deduziria de um outro princípio igualmente autêntico, com o maior rigor lógico, precisamente o contrário. Ora, este caso é aqui real e, sem dúvida, em relação a quatro ideias naturais da razão, de onde procedem, por um lado, quatro afirmações e, por outro, outras tantas afirmações contrárias, cada uma resultando com uma rigorosa consequência a partir de princípios universalmente admitidos; elas revelam assim a ilusão dialéctica da razão pura no uso destes princípios que, de outro modo, deveria ficar eternamente escondida.

Eis aqui, pois, uma prova decisiva, que nos deve descobrir necessariamente uma inexactidão, que reside

---

/ A 146

oculta nos pressupostos da razão (1). Duas /147 proposições que se contradizem não podem ambas ser falsas, a não ser que o conceito, em que as duas se baseiam, também seja contraditório; por exemplo, as duas proposições: um círculo quadrado é redondo, e um círculo quadrado não é redondo, são ambas falsas. Pois, no que concerne à primeira, é falso que o círculo em questão seja redondo, porque é quadrado; mas também é falso que não seja redondo, isto é, que tenha ângulos, porque é um círculo. Com efeito, o sinal lógico da impossibilidade de um conceito consiste precisamente em, sob o pressuposto do mesmo, duas proposições contraditórias serem igualmente falsas; por conseguinte, porque nenhuma terceira proposição entre elas pode ser concebida, *nada absolutamente* é pensado nesse conceito.

§ 52 c

Ora, na base das duas primeiras antinomias que eu chamo matemáticas, porque se ocupam da adição ou da divisão do homogéneo, encontra-se um conceito contraditório deste género; e explico assim como é que a tese e a antítese são igualmente falsas.

Ao falar de objectos no tempo e no espaço, não falo de coisas em si, porque nada sei destas, mas apenas de coisas no /148 fenómeno, isto é, da experiência, como

---

(1) Desejo, pois, que o leitor crítico se ocupe principalmente desta antinomia, porque a natureza parece tê-la estabelecido para fazer hesitar a razão nas suas presunções temerárias e a forçar ao auto-exame. Empreendo justificar todas as provas que forneci em apoio da tese e da antítese e estabelecer assim a certeza da inevitável antinomia da razão. Se, pois, o leitor é levado por este estranho fenómeno a remontar ao exame do pressuposto /147 que lhe serve de fundamento, sentir-se-á forçado a buscar comigo mais profundamente a base primeira de todo o conhecimento da razão pura.

/ A 147, 148; nota / A 147

de um modo particular de conhecimento dos objectos, que só é concedido ao homem. O que eu concebo no espaço ou no tempo, disso não posso dizer que existe em si mesmo, fora do meu pensamento, no espaço e no tempo; porque então contradizer-me-ia a mim mesmo; visto que o espaço e o tempo, juntamente com os fenómenos que contêm, nada são de existente em si mesmo e fora das minhas representações, mas apenas modos de representação, e porque é manifestamente contraditório dizer que um simples modo de representação existe também fora da nossa representação. Portanto, os objectos dos sentidos existem unicamente na experiência; em contrapartida, atribuir-lhes independentemente desta, ou anteriormente a ela, uma existência própria subsistindo por si mesma, equivale a imaginar que a experiência existe sem experiência ou antes da experiência.

Ora, se eu me interrogo sobre a grandeza do mundo no espaço e no tempo, é impossível que os meus conceitos me digam se ele é infinito ou se é finito. Com efeito, nenhuma destas alternativas pode estar contida na experiência, porque não é possível a experiência de um espaço *infinito* ou de um tempo de decurso infinito, nem da *limitação* do mundo por um espaço vazio ou por um tempo vazio anterior; são apenas ideias. Por conseguinte, esta grandeza do mundo, determinada de uma ou outra maneira, deveria existir em si mesma, separada de toda a experiência. Mas, isso contradiz o conceito de um /149
mundo sensível, que é simplesmente o conjunto dos fenómenos, cuja existência e ligação tem lugar somente na representação, isto é, na experiência, porque não é uma coisa em si, mas apenas um modo de representação. Segue-se, pois, daqui que, visto o conceito de um mundo sensível existente por si ser em si mesmo contraditório, a solução do problema, por causa da sua grandeza, será sempre errónea, quer se busque a solução afirmativa ou a solução negativa.

/ A 149

O mesmo acontece com a segunda antinomia, que diz respeito à divisão dos fenómenos. Pois, estes são simples representações e as partes existem simplesmente na sua representação, por conseguinte, na divisão, isto é, numa experiência possível, onde elas são dadas, indo uma tão longe como a outra. Admitir que um fenómeno, por exemplo, o do corpo, contém em si, antes de toda a experiência, todas as partes que apenas uma experiência, sempre possível, pode alcançar, significa atribuir também a um simples fenómeno, que unicamente pode existir na experiência, uma existência própria, anterior à experiência, ou dizer que existem puras representações, antes de serem encontradas na faculdade representativa, o que é uma contradição, excluindo toda a solução deste problema mal compreendido, quer aí se afirme que os corpos constam em si de partes infinitamente numerosas, ou de um número finito de partes simples.

/150 § 53

Na primeira classe das antinomias (antinomias matemáticas), a falsidade do pressuposto consistia no facto de aquilo que é contraditório (a saber, o fenómeno como coisa em si) ser representado como conciliável num conceito. Mas, no tocante à segunda classe de antinomias, isto é, a classe dinâmica, a falsidade do pressuposto consiste em representar como contraditório o que é conciliável; por conseguinte, enquanto no primeiro caso ambas as afirmações opostas eram falsas, aqui, por outro lado, as duas, que se contrapuseram por simples mal-entendido, podem ser verdadeiras.

O encadeamento matemático pressupõe, de facto, necessariamente a homogeneidade do religado (no conceito da grandeza), mas o encadeamento dinâmico de nenhum modo a exige. Quando se trata da grandeza do

/ A 150

que é extenso, todas as partes devem ser homogéneas entre si e com o todo; em contrapartida, na conexão de causa e efeito, pode também encontrar-se a homogeneidade, mas ela não é necessária; pois o conceito de causalidade (mediante o qual através de alguma coisa é posto algo de inteiramente diferente) pelo menos não o exige.

Se os objectos do mundo sensível fossem tomados por coisas em si, e as leis da natureza acima mencionadas por leis das coisas em si, a contradição /[151] seria inevitável. Igualmente, se o sujeito da liberdade fosse, tal como os restantes objectos, representado como simples fenómeno, também a contradição seria inevitável, porque se afirmaria e negaria ao mesmo tempo justamente a mesma coisa de um mesmo objecto e no mesmo sentido. Mas, se a necessidade da natureza é simplesmente referida aos fenómenos, e a liberdade apenas às coisas em si, não surge assim nenhuma contradição, quando se admitem ou concedem os dois tipos de causalidade, por difícil ou impossível que seja tornar compreensível a da última espécie.

No fenómeno, cada efeito é um evento ou algo que acontece no tempo; segundo a lei universal da natureza, uma determinação da causalidade da sua causa (um estado desta causa) deve precedê-lo, a que o evento se segue segundo uma lei constante. Mas esta determinação da causa para a causalidade deve também ser algo que se passa ou *acontece;* a causa deve ter *começado a agir,* pois, de outro modo, não poderia conceber-se nenhuma sucessão temporal entre ela e o efeito. O efeito teria sempre existido, tal como a causalidade da causa. Por conseguinte, entre os fenómenos, deve também ter surgido a *determinação* da causa para *agir,* portanto, ele deve ser, enquanto seu efeito ,um evento que, por seu turno, deve ter a sua causa, etc., e, deste modo, a necessidade natural /[152] é a condição segundo a qual se determinam as causas eficientes. Em contrapartida, se a liberdade

/ A 151, 152

deve ser uma propriedade de certas causas de fenómenos, deve ser, relativamente a estes últimos, enquanto eventos, uma faculdade de os começar por si mesma *(sponte)*, isto é, sem que a causalidade da causa possa começar por si mesma e, portanto, sem ter necessidade de nenhuma outra causa que a determine a começar. Mas então a *causa*, quanto à sua causalidade, não deveria ser condicionada por determinações temporais do seu estado, isto é, não ser *fenómeno*, isto é, deveria ser considerada como uma coisa em si e os *efeitos* só como *fenómenos* (1). Se se pode sem contradição conceber uma tal influência dos seres /153 inteligíveis sobre os fenómenos, haverá, sem dúvida, em toda a conexão de causa e efeito no mundo sensível, uma necessidade natural, podendo, porém, atribuir-se a essa causa, que em si mesma não é nenhum fenómeno (embora esteja na sua base), a liberdade, e atribuir sem contradição natureza e liberdade a

---

(1) A ideia de liberdade encontra-se apenas na relação do *inteligível*, enquanto causa, ao *fenómeno*, como efeito. Portanto, não podemos atribuir a liberdade à matéria em consideração da sua acção incessante pela qual enche o seu espaço, embora esta acção resulte de um princípio interno. Tão pouco podemos encontrar algum conceito de liberdade adequado a puros seres inteligíveis, por exemplo, Deus, na medida em que a sua acção é imanente. Com efeito, a sua acção, ainda que independente de causas determinantes exteriores, é no entanto determinada na sua razão eterna, por conseguinte, na *natureza* divina. Só quando *algo* deve *começar* mediante uma acção, por conseguinte, quando o efeito deve encontrar-se na série temporal, portanto, no mundo sensível (por exemplo, o começo do mundo), é que se levanta a questão de se a causalidade da própria causa deve também começar, ou se a causa pode suscitar um efeito sem que a sua causalidade comece. No primeiro caso, o conceito desta causalidade é um conceito de necessidade natural; no segundo, um conceito de liberdade. O leitor verá assim que, em virtude de eu ter definido a liberdade como a faculdade de começar por si mesma um evento, abordei justamente o conceito que constitui o problema da metafísica.

/ A 153

uma mesma coisa, mas em relações diferentes, por um lado como fenómeno e, por outro, como uma coisa em si.

Temos em nós uma faculdade que não está em conexão apenas com os seus princípios determinantes subjectivos, que são as causas naturais das suas acções, e é nesta medida a faculdade de um ser que também faz parte dos fenómenos, mas também se refere a princípios objectivos, que são simples ideias, na medida em que podem determinar esta faculdade, conexão essa que se exprime pelo *dever*. Esta faculdade chama-se *razão* e, ao considerarmos um ser (o homem) unicamente segundo esta razão objectivamente determinável, ele não pode ser olhado como um ser sensível, mas a propriedade concebida é a propriedade de uma coisa em si, de que não podemos compreender a possibilidade, a saber, como é que o *dever*, o que no entanto jamais teve lugar, determina a sua actividade e pode ser a causa de acções cujo efeito constitui um fenómeno no mundo sensível. Contudo, a causalidade da razão, /154 tendo em vista os efeitos no mundo sensível, seria liberdade na medida em que *princípios objectivos*, que em si mesmos são ideias, são considerados relativamente aos efeitos como determinantes. Pois, a acção da razão não dependeria então de condições subjectivas, por conseguinte, temporais, e também não da lei natural, que serve para as determinar, porque os motivos da razão dão às acções a regra universal a partir de princípios, sem a influência das circunstâncias de tempo e de lugar. O que aqui menciono vale apenas como exemplo de compreensão e não se integra necessariamente na nossa questão, que deve ser resolvida por simples conceitos e independentemente das propriedades que encontramos no mundo real.

Posso agora dizer sem contradição: todas as acções de seres racionais, na medida em que são fenómenos (encontrando-se em qualquer experiência), estão submetidas à necessidade da natureza; mas, mesmo estas acções,

---

/ A 154

simplesmente relativas ao sujeito racional, e à sua faculdade de agir por razão pura, são livres. Com efeito, que se exige para a necessidade natural? Nada mais do que a determinabilidade de todo o evento do mundo sensível segundo leis constantes, por conseguinte, uma relação à causa no fenómeno, em que a coisa em si, que se encontra na base, permanece desconhecida, juntamente com a sua causalidade. Mas eu digo: *a lei natural subsiste,* quer o /155 ser racional seja causa dos efeitos no mundo sensível pela razão, ou não os determine em virtude de princípios racionais. Com efeito, no primeiro caso, a acção acontece segundo máximas e o efeito no fenómeno será sempre conforme a leis constantes; no segundo caso, a acção não se produz segundo princípios da razão, está submetida às leis empíricas da sensibilidade e, em ambos os casos, os efeitos conectam-se segundo leis constantes; nada mais requeremos para a necessidade da natureza, e dela também não sabemos mais. No primeiro caso, porém, a razão é a causa destes leis naturais e, por isso, é livre; no segundo, os efeitos decorrem segundo as simples leis naturais da sensibilidade, porque a razão não exerce sobre eles nenhuma influência; mas, a razão não é por isso determinada pela sensibilidade (o que é impossível) e, portanto, também neste caso é livre. Por conseguinte, a liberdade não impede a lei natural dos fenómenos, da mesma maneira que esta não prejudica a liberdade no uso prático da razão, o qual está em relação com as coisas em si enquanto princípios determinantes.

Assim é salva, pois, a liberdade prática, a saber, aquela em que a razão tem uma causalidade segundo princípios objectivamente determinantes, sem produzir o menor dano à necessidade da natureza em consideração justamente dos /156 mesmos efeitos enquanto fenómenos. E isto pode também contribuir para a compreensão do que tínhamos a dizer sobre a liberdade transcendental e o seu acordo com a necessidade natural (no mesmo

/ A 155, 156

sujeito, mas não numa só e mesma relação). Com efeito, a este respeito, todo o começo da acção de um ser a partir de causas objectivas e relativamente a estes princípios determinantes, é sempre um *primeiro começo,* embora esta mesma acção seja na série dos fenómenos um *começo subalterno,* antes do qual deve ocorrer um estado da causa, que a determina, sendo também ele próprio determinado por uma causa próxima antecedente: de modo que pode conceber-se, sem contradizer as leis da natureza, nos seres racionais ou em seres em geral, na medida em que a sua causalidade é determinada neles como coisas em si, uma faculdade de começar por si mesmos uma série de estados. De facto, a relação da acção a princípios racionais objectivos não é nenhuma relação temporal: o que determina a causalidade não precede aqui a acção no tempo, porque tais princípios determinantes não representam uma relação dos objectos aos sentidos, por conseguinte, a causas fenomenais, mas causas determinantes enquanto coisas em si, que não se encontram sob as condições temporais. Assim, a respeito da causalidade da razão, a acção pode considerar-se como um primeiro /157 começo, mas ao mesmo tempo, a respeito da série dos fenómenos, como um começo simplesmente subordinado, e, sem contradição, como livre no primeiro ponto de vista, no segundo (visto ser ela simples fenómeno) como subordinada à necessidade da natureza.

No que respeita à *quarta* antinomia, resolve-se da mesma maneira que o conflito da razão consigo mesma na terceira. Com efeito, se se distinguir a *causa no fenómeno* da *causa dos fenómenos,* na medida em que ela pode ser concebida como *coisa em si,* as duas proposições podem bem subsistir uma ao lado da outra, a saber, que não existe causa do mundo sensível (segundo leis similares da causalidade) cuja existência seja absolutamente necessária e que, por outro lado, este mundo está, no entanto, ligado a um ser necessário como sua causa (mas causa

---

/ A 157.

de um género diferente e segundo uma outra lei); a incompatibilidade destas duas proposições baseia-se unicamente no mal-entendido em estender o que vale apenas para os fenómenos às coisas em si e, em geral, em misturar estas duas coisas num só conceito.

§ 54

Tal é a especificação e resolução de toda a antinomia em que a razão se encontra envolvida na aplicação dos seus princípios ao mundo dos sentidos; /158 o tê-la simplesmente posto seria ter já prestado um serviço considerável ao conhecimento da razão humana, mesmo se a solução deste conflito não houvesse ainda de satisfazer inteiramente o leitor, que deve aqui combater uma ilusão natural, que só agora lhe foi apresentada como tal, ao passo que até então a considerara verdadeira. De facto, uma consequência daqui resultante é, no entanto, inelutável, a saber, que, visto ser impossível sair deste conflito da razão consigo mesma, enquanto se tomarem os objectos do mundo sensível por coisas em si mesmas, e não por aquilo que são na realidade, isto é, simples fenómenos, o leitor vê-se assim forçado a retomar mais uma vez a dedução de todo o nosso conhecimento *a priori* e o exame daquela que dele fiz, para assim chegar à decisão. Por agora, não exijo mais nada; com efeito, se nesta actividade ele começou por penetrar pelo pensamento bastante profundamente na natureza da razão pura, os conceitos, mediante os quais unicamente é possível a solução do conflito da razão, ser-lhe-ão já familiares; sem tal circunstância, não posso esperar uma perfeita aprovação, mesmo do leitor mais atento.

/ A 158

/159 III. Ideia teológica

(Crítica, p. 571 e ss.)

§ 55

A terceira ideia transcendental que dá a sua matéria ao emprego da razão, de longe o mais importante, mas, se for praticado de um modo simplesmente especulativo, extravagante (transcendente) e, justamente por isso, dialéctico, é o ideal da razão pura. Visto que a razão não parte aqui, como nas ideias psicológica e cosmológica, da experiência, e não é tentada por uma progressão dos princípios a prosseguir, se possível, a totalidade absoluta da sua série, mas realiza um corte completo e desce dos puros conceitos do que constituiria a absoluta integridade de uma coisa em geral, por conseguinte, mediante a ideia de um ser primeiro sumamente perfeito para a determinação da possibilidade e, portanto, também da realidade de todas as outras coisas: é, pois, aqui mais fácil do que nos casos anteriores distinguir do conceito do entendimento o simples pressuposto de um ser que, embora não seja pensado na série da experiência, é, no entanto, concebido em vista da experiência para a compreensão da conexão, ordem e unidade da última, isto é, a *Ideia*. Por conseguinte, podia aqui pôr-se facilmente diante dos olhos /160 a ilusão dialéctica que resulta de tomarmos as condições subjectivas do nosso pensamento pelas condições objectivas das próprias coisas e uma hipótese necessária para a satisfação da nossa razão por um dogma, e, por conseguinte, eu nada mais tenho a sugerir acerca das pretensões da teologia transcendental, porque o que a *Crítica* diz a este respeito é fácil de compreender, ilustrativo e decisivo.

/ A 159, 160

§ 56

OBSERVAÇÃO GERAL SOBRE AS IDEIAS TRANSCENDENTAIS

Os objectos, que nos são dados pela experiência, são-nos incompreensíveis sob muitos aspectos, e muitas questões a que nos conduz a lei da natureza, quando elevadas a um certo ponto, mas sempre em conformidade com esta lei, são absolutamente insolúveis, por exemplo, como é que os corpos se atraem uns aos outros? Mas, se deixarmos inteiramente a natureza ou se, com a progressão da sua conexão, ultrapassarmos toda a experiência possível, mergulhando por conseguinte em ideias puras, não podemos então dizer que o objecto nos é incompreensível e que a natureza das coisas nos propõe tarefas insolúveis; pois, já não nos havemos então com a natureza ou em geral com objectos dados, mas simplesmente com conceitos, que têm a sua origem apenas na nossa razão, e com puros seres de pensamento; ora, todos os problemas que promanam /161 do conceito destes seres devem poder resolver-se, porque a razão pode e deve certamente fornecer uma explicação integral do seu próprio procedimento (1). Visto que as ideias

(1) O senhor Platner diz, pois, com sagacidade nos seus aforismos, § 728, 729: «Quando a razão é um critério, não pode existir nenhum conceito que seja incompreensível para a razão humana. — Só no real é que tem lugar o incompreensível. Aqui, o incompreensível provém da insuficiência das ideias adquiridas.» — Isso parece, pois, paradoxal e, além disso, não é estranho dizer que, na natureza, há para nós muita coisa ininteligível (por ex., a capacidade de procriação), mas se subirmos um pouco mais e ultrapassarmos mesmo a natureza, tudo se tornará de novo inteligível para nós; com efeito, abandonamos então totalmente os *objectos,* que nos podem ser dados, e ocupamo-nos apenas de ideias, nas quais podemos muito bem apreender a lei que a razão prescreve

/ A 161

psicológicas, cosmológicas e teológicas são unicamente conceitos puros da razão, que não podem ser dados em nenhuma experiência, as questões que a razão nos propõe a seu respeito não são levantadas pelos objectos, mas pelas simples máximas da razão para sua auto-satisfação e devem todas poder ser resolvidas de um modo suficiente; o que também acontece se se mostrar que são princípios para levar o uso do nosso entendimento à unanimidade geral, à integralidade e à unidade sintética e que são válidos, por conseguinte, simplesmente para a experiência, mas na sua *totalidade*. Mas embora seja impossível um todo absoluto da experiência, no entanto, /162
a ideia de um todo do conhecimento segundo princípios em geral é aquilo que unicamente pode fornecer-lhe uma certa espécie de unidade, a saber, a de um sistema, sem a qual o nosso conhecimento não é senão fragmento, sem poder ser utilizado para o fim supremo (que é sempre apenas o sistema de todos os fins); aqui, não entendo simplesmente o fim prático, mas também o fim supremo do uso especulativo da razão.

As ideias transcendentais exprimem, pois, a destinação própria da razão, a saber, de um princípio de unidade sistemática do uso do entendimento. Mas, se se considerar esta unidade do modo de conhecimento como inerente ao objecto do conhecimento, se se tiver como *constitutiva*, sendo na realidade simplesmente *regulativa*, e se se persuadir que é possível, graças a estas ideias, estender o seu conhecimento muito além de toda a experiência possível, por conseguinte, de um modo transcendente, quando, no entanto, a razão unicamente serve para levar a experiência em si mesma tão perto quanto possível da integralidade, isto é, não limitando a sua

---

mediante elas ao entendimento, quanto ao seu uso na experiência, porque é esse o próprio produto da razão.

/ A 162

progressão por nada que não possa pertencer à experiência, isso então é um simples mal-entendido no juízo acerca da destinação própria da nossa razão e dos seus princípios, e uma dialéctica que, em parte, confunde o uso experimental da razão, e em parte, opõe a razão a si mesma.

/163 CONCLUSÃO DA DETERMINAÇÃO DOS LIMITES DA RAZÃO PURA

§ 57

Depois das provas muito claras que acima fornecemos, seria um absurdo se esperássemos conhecer de um objecto qualquer mais do que o que pertence à experiência possível do mesmo, ou se pretendêssemos o menor conhecimento de uma coisa, acerca da qual admitimos que ela não é um objecto de experiência possível, para a determinar segundo a sua constituição, tal como é em si mesma; com efeito, como queremos nós realizar esta determinação já que o tempo, o espaço e todos os conceitos do entendimento, mais ainda, os conceitos tirados pela intuição empírica ou pela *percepção* no mundo sensível não têm, nem podem ter nenhum outro uso senão tornar possível a experiência, e que, se omitirmos esta condição dos puros conceitos do entendimento, eles já não determinam então nenhum objecto e não possuem nenhuma significação.

Mas, por outro lado, seria um absurdo ainda

/ A 163

maior se não admitíssemos nenhumas coisas em si, ou se quiséssemos fazer passar a nossa experiência pelo único modo de conhecimento possível das coisas, por conseguinte, a nossa intuição no espaço e no tempo pela única intuição /164 possível, o nosso entendimento discursivo pelo protótipo de todo o entendimento possível, portanto, os princípios da possibilidade da experiência pelas condições universais das coisas em si.

Os nossos princípios, que limitam o uso da razão simplesmente à experiência possível, poderiam assim tornar-se *transcendentes* e fazer passar os limites da nossa razão pelos limites da possibilidade das próprias coisas, como disso podem servir de exemplo os diálogos de *Hume,* se uma crítica cuidadosa não vigiasse os limites da razão mesmo relativamente ao seu uso empírico e não pusesse um termo às suas pretensões. O cepticismo, na sua origem primeira, brota da metafísica e da sua dialéctica indisciplinada. Primeiramente, basta-lhe propor como vão e enganador, em prol do uso experimental da razão, tudo o que o ultrapassa; mas, pouco a pouco, ao perceber-se que, no entanto, são precisamente os mesmos princípios *a priori,* utilizados na experiência, que, sem se dar por isso e, como parecia, levavam legitimamente ainda mais longe do que onde chega a experiência, começou-se a duvidar mesmo dos princípios da experiência. Não há aqui certamente nenhum perigo; com efeito, o bom senso afirmará sempre neste caso os seus direitos; no entanto, surgiu assim uma confusão especial para a ciência, que não pode /165 determinar até onde se pode confiar na razão e porque até ali e não mais longe. Somente por uma determinação formal dos limites do uso da nossa razão, estabelecida segundo princípios, é que se poderá remediar esta confusão e obviar a toda a recidiva no futuro.

É verdade, não podemos dar, fora de toda a experiência possível, um conceito determinado do que possam

/ A 164, 165

ser coisas em si. Contudo, não somos livres de nos abstermos inteiramente da inquirição a seu respeito; pois, a experiência nunca satisfaz totalmente a razão; ela remete-nos sempre para mais longe na resposta às questões e deixa-nos insatisfeitos relativamente a uma solução completa, como cada um pode observar isto suficientemente a partir da dialéctica da razão pura, que possui aí precisamente o seu sólido fundamento subjectivo. Quem pode, pois, suportar que nós cheguemos da natureza da nossa alma até à clara consciência do sujeito e, ao mesmo tempo, à convicção de que os seus fenómenos não podem explicar-se *materialisticamente,* sem perguntar, pois, o que será propriamente a alma e, se aqui nenhum conceito da experiência é suficiente, sem admitir, unicamente para este fim um conceito de razão (de um ser imaterial simples), embora não possamos demonstrar a sua realidade objectiva? Quem pode contentar-se com o simples conhecimento empírico em todas as questões cosmológicas acerca da duração e grandeza do mundo, da liberdade /166 ou necessidade natural, pois, seja qual for a nossa maneira de proceder, toda a resposta conforme às leis fundamentais da experiência engendra sempre uma nova questão que, ao exigir ser respondida, mostra assim claramente a insuficiência de todas as espécies de explicação física para satisfazer a razão? Finalmente, quem não vê a impossibilidade de se ater à contingência e à dependência constantes de tudo o que se pode conceber e admitir apenas segundo os princípios da experiência e não se sente impelido, sem consideração por todo o interdito de não se perder nas ideias transcendentes, a procurar no entanto ainda, para lá de todos os conceitos que ele pode justificar pela experiência, paz e satisfação no conceito de um ser, cuja ideia em si, segundo a possibilidade, não pode ser apreendida, embora também não refutada, porque ela concerne a um ser puramente inte-

/ A 166

ligível, sem a qual, porém, a razão deveria permanecer para sempre insatisfeita?

Limites (em seres extensos) supõem sempre um espaço, que se encontra fora de um certo lugar determinado e o contém; as fronteiras não têm disso necessidade, mas são simples negações que afectam uma quantidade enquanto ela não tem totalidade absoluta. Mas a nossa razão vê, por assim dizer, em torno de si um espaço para o conhecimento das coisas em si, embora delas nunca possa ter /167 conceitos determinados e esteja limitada apenas aos fenómenos.

Enquanto o conhecimento da razão é homogéneo, não podem conceber-se a seu respeito nenhuns limites determinados. Na matemática e na ciência da natureza, a razão humana conhece certamente fronteiras, mas não limites, isto é, que fora dela há, sem dúvida, alguma coisa onde jamais poderá chegar, mas não que ela possa consumar-se em qualquer lado na sua evolução interior. A extensão dos conhecimentos na matemática e a possibilidade de invenções sempre novas estendem-se até ao infinito; de igual modo a descoberta de novas propriedades da natureza, de novas forças e leis graças à experiência ininterrupta e à sua unificação pela razão. Mas também aqui não devem minimizar-se as fronteiras, pois a matemática incide apenas nos *fenómenos*, e o que não é objecto de intuição sensível, como os conceitos da metafísica e da moral, encontra-se fora da sua esfera e, nunca aí pode conduzir; mas também não precisa de tais coisas. Portanto, não existe na matemática progresso contínuo e uma aproximação a estas ciências e, por assim dizer, um ponto ou linha de contacto. A ciência da natureza jamais nos revelará o íntimo das coisas, isto é, o que não é fenómeno, podendo, no entanto, servir de princípio supremo de explicação para os fenómenos; mas também não precisa disso para as suas explicações físicas; e mesmo se se lhe /168 propusesse ainda um tal princípio (por exemplo,

/ A 167, 168

a influência de seres imateriais), ela deve decliná-lo e não o introduzir no desenvolvimento das suas explicações, mas fundá-las sempre unicamente naquilo que, enquanto objecto dos sentidos, pode pertencer à experiência e ser ligado às nossas percepções reais, segundo as leis da experiência.

Mas a metafísica, nas tentativas dialécticas da razão pura, (que não começam arbitraria ou temerariamente, mas a elas incita a própria natureza da razão), conduz-nos a limites, e as ideias transcendentais, justamente porque delas não se pode ter um trato íntimo, porque jamais, por assim dizer, se deixam realizar, servem não só para nos mostrar realmente os limites do uso puro da razão, mas também a maneira de os determinar; e este é também o fim e a utilidade desta disposição natural da nossa razão, que gerou a metafísica, como seu filho querido, cuja procriação, como tudo o mais no mundo, não deve ser atribuída a um acaso qualquer, mas a um germe primitivo, que é organizado sabiamente para grandes fins. Com efeito, a metafísica, talvez mais do que qualquer outra ciência, está, segundo os seus traços fundamentais, estabelecida em nós pela própria natureza e não pode ser considerada como o produto de uma escolha arbitrária ou alargamento contingente no desenvolvimento /169 das experiências (de que ela está completamente separada).

No entanto, em todos os seus conceitos e leis do entendimento, que lhe bastam para o uso empírico, por conseguinte, no interior do mundo sensível, a razão não encontra nenhuma satisfação; pois as questões que retornam sempre indefinidamente tiram-lhe toda a esperança de solução completa. As ideias transcendentais, que visam esta solução, são desses problemas da razão. Ora, ela vê claramente que o mundo dos sentidos não pode conter esta solução, por conseguinte, tão pouco também todos aqueles conceitos que simplesmente servem para a com-

---

/ A 169

preensão do mesmo: o espaço e o tempo, e tudo o que mencionámos sob o nome de puros conceitos do entendimento. O mundo sensível nada mais é do que uma cadeia de fenómenos ligados segundo leis gerais; não tem, pois, consistência por si mesmo, não é propriamente a coisa em si e relaciona-se, portanto, necessariamente com aquilo que contém o fundamento deste fenómeno, com seres que podem ser conhecidos não só como fenómenos, mas como coisas em si. Só no conhecimento desses seres pode a razão esperar ver alguma vez satisfeito o seu desejo de plenitude, no progresso do condicionado para as suas condições.

Indicámos acima (§ 33, 34) as fronteiras da razão no tocante a todo o conhecimento de seres puramente inteligíveis; /170 agora, visto que as ideias transcendentais nos forçam a ir até eles e nos levaram de certo modo até ao ponto de contacto do espaço pleno (da experiência) com o espaço vazio (de que nada podemos saber, os *númenos*), podemos igualmente determinar os limites da razão pura; pois, em todos os limites existe também algo de positivo (por exemplo, a superfície é o limite do espaço corporal, e, no entanto, é também um espaço; a linha é um espaço que constitui o limite da superfície, o ponto é o limite da linha, sendo, no entanto, ainda sempre um lugar no espaço), ao passo que as fronteiras contêm simples negações. As fronteiras aduzidas nos parágrafos citados não são ainda suficientes, depois de termos achado que, para lá delas, há ainda alguma coisa (embora jamais venhamos a saber o que essa coisa é em si). Com efeito, surge agora a questão: como se comporta a nossa razão nesta conexão do que conhecemos com o que não conhecemos e que também jamais conheceremos? Eis, de facto, uma conexão do conhecido com algo de completamente desconhecido (e que sempre assim permanecerá); e se este desconhecido não houver de ser minimamente mais conhecido — como, na realidade,

---

/ A 170

isso não é de esperar —, então importa que o conceito desta conexão possa ser determinado e elucidado.

Devemos, portanto, conceber um ser imaterial, um mundo inteligível e um ser supremo (puros /[171] númenos), porque a razão só nestes, enquanto coisas em si, encontra a perfeição e a satisfação que jamais pode esperar na derivação dos fenómenos a partir dos princípios homogéneos, e porque estes fenómenos se referem realmente a algo de diferente deles (portanto, inteiramente heterogéneo), já que os fenómenos supõem sempre uma coisa em si e a anunciam, quer se possa ou não conhecer de modo mais preciso.

Ora, visto que nunca conseguiremos conhecer estes seres inteligíveis no que eles podem ser em si mesmos, isto é, de um modo determinado, devendo, no entanto, admiti-los em relação ao mundo dos sentidos e com ele os conectando mediante a razão, poderemos pelo menos pensar esta ligação por meio de tais conceitos, que exprimem a sua relação ao mundo sensível. Com efeito, se pensarmos o ser inteligível unicamente através dos conceitos puros do entendimento, nada então pensaremos verdadeiramente de determinado, por conseguinte, o nosso conceito é sem significado; se os pensarmos por meio de propriedades, tiradas do mundo sensível, então, deixará de ser um ser inteligível, será concebido como um dos fenómenos e pertence ao mundo sensível. Tomemos como exemplo o conceito do ser supremo.

O conceito *deísta* é um conceito racional inteiramente puro, que representa apenas uma coisa, a qual contém /[172] toda a realidade, sem determinar absolutamente nada a seu respeito, porque para isso seria preciso ir buscar o exemplo ao mundo sensível; neste caso, eu teria a ver apenas com um objecto dos sentidos, nunca, porém, com algo de inteiramente heterogéneo, que não pode ser um objecto dos sentido. Com efeito, atribuir-lhe-ia, por exemplo, o entendimento; mas não tenho nenhum

---

/ A 171, 172

conceito de um entendimento a não ser o que é tal como o meu, a saber, um entendimento ao qual as intuições são necessariamente dadas por sentidos e que se preocupa com submetê-las às regras da unidade da consciência. Mas então os elementos do meu conceito residiriam sempre no fenómeno; mas eu seria justamente forçado pela insuficiência dos fenómenos a ir além deles, até ao conceito de um ser independente dos fenómenos, ou não ligado a eles, enquanto condições da sua determinação. Mas se eu separo o entendimento da sensibilidade para ter um entendimento puro, nada resta então a não ser a simples forma do pensamento sem intuição, por cujo intermédio nada posso conhecer de determinado, portanto, nenhum objecto. Teria, para este fim, de conceber um outro entendimento que intuísse os objectos, acerca do qual, porém, não tenho a menor ideia, porque o entendimento humano é discursivo e só pode conhecer mediante conceitos gerais. A mesma coisa me acontece se atribuir uma vontade /[173] ao ser supremo: com efeito, possuo este conceito unicamente ao tirá-lo da minha experiência interna, mas esta funda-se na dependência da minha satisfação relativamente aos objectos, portanto, na sensibilidade; isso contradiz inteiramente o conceito puro do ser supremo.

As objecções de *Hume* contra o deísmo são fracas e nunca dizem respeito senão às provas, jamais ao próprio princípio da afirmação deísta. A respeito do teísmo, porém, que se deve constituir por meio de uma determinação mais estreita do nosso conceito de ser supremo aí simplesmente transcendente, elas são muito fortes e, em certos casos (na realidade, todos os casos ordinários), irrefutáveis, segundo o modo como se estabelece este conceito. *Hume* apoia-se sempre no facto de nós, mediante o simples conceito de um ser originário, a que não atribuímos outros predicados senão os ontológicos (eternidade, omnipresença, omnipotência), nada realmente con-

---

/ A 173

cebermos de determinado, mas ser preciso acrescentar propriedades, que podem fornecer um conceito *in concreto:* não basta dizer que é uma causa, mas também qual a natureza da sua causalidade, por exemplo, entendimento e vontade; e aqui começam os seus ataques contra a própria coisa, isto é, o teísmo, ao passo que antes apenas atacara as provas do deísmo, o que atrás de si não arrasta nenhum perigo especial. Os seus argumentos perigosos referem-se todos ao antropomorfismo /[174] que, segundo ele, é inseparável do teísmo e o torna em si mesmo contraditório; se, porém, fosse posto de lado, o teísmo declinaria com ele e apenas restaria um deísmo, do qual nada se pode fazer, que em nada nos pode ser útil e que não pode servir de fundamento à religião e aos costumes. Se esta inevitabilidade do antropomorfismo fosse certa, as provas da existência de um ser supremo poderiam ser o que quisessem e ser todas admitidas; no entanto, o conceito deste ser nunca poderia ser por nós determinado sem nos envolvermos em contradições.

Se à ordem de evitar todos os juízos transcendentes da razão pura ligarmos a ordem, aparentemente contrária, de ir até aos conceitos que se encontram fora do campo do uso imanente (empírico), apercebemo-nos de que ambos podem subsistir em conjunto, mas apenas no *limite* preciso de todo o uso legítimo da razão; com efeito, esta pertence tanto ao domínio da experiência como ao dos seres inteligíveis e ficamos assim simultaneamente elucidados sobre como essas ideias tão notáveis servem unicamente para a determinação dos limites da razão humana, a saber, por um lado, para não estender indefinidamente o nosso conceito por experiência de maneira a que nada mais nos restasse do que conhecer o mundo e, por outro, contudo, para não sair /[175] dos limites da experiência e não querer julgar das coisas exteriores a ela como coisas em si.

Atemo-nos, porém, a este limite se confinarmos o

/ A 174, 175

nosso juízo simplesmente à relação que o mundo pode ter com um ser, cujo próprio conceito se encontra fora de todo o conhecimento de que somos capazes no interior do mundo. Com efeito, não atribuímos então ao ser supremo nenhuma das propriedades pelas quais pensamos objectos da experiência e evitamos assim o antropomorfismo *dogmático;* atribuímos, contudo, estas propriedades à sua relação com o mundo e permitimo-nos um antropomorfismo *simbólico* que, na realidade, apenas concerne à linguagem e não ao próprio objecto.

Quando digo: somos forçados a considerar o mundo como se ele fosse a obra de um entendimento e de uma vontade supremos, apenas digo, na realidade: assim como um relógio, um barco, um regimento se refere ao relojoeiro, ao construtor e ao coronel, assim também o mundo sensível (ou tudo o que constitui o fundamento deste conjunto de fenómenos) se refere ao desconhecido que eu, pois, não descubro segundo o que ele é em si mesmo, mas segundo o que ele é para mim, a saber, em consideração do mundo do qual eu sou uma parte.

/[176] § 58

Um tal conhecimento é um conhecimento por *analogia,* que não significa, como a palavra se entende comumente, uma semelhança imperfeita entre as duas coisas, mas uma semelhança perfeita de duas relações entre coisas inteiramente dissemelhantes (1). Graças a esta analo-

(1) Assim, existe uma analogia entre a relação jurídica de acções humanas e a relação mecânica de forças motrizes: nada posso fazer contra outrem sem lhe dar um direito de, nas mesmas condições, fazer o mesmo contra mim; igualmente, nenhum corpo pode agir sobre outro com a sua força motriz sem que, deste modo, o outro reaja sobre ele na mesma medida. Aqui ,o direito e a força

/ A 176

gia, resta um conceito de ser supremo suficientemente determinado *para nós,* embora tenhamos deixado de lado tudo o que o poderia *determinar* absolutamente e *em si mesmo;* com efeito, determinamo-lo, contudo, relativamente ao mundo e, por conseguinte, a nós, e nada mais nos é necessário. Os ataques de *Hume* contra aqueles que querem determinar absolutamente este conceito, ao tirarem /[177] os materiais de si mesmos e do mundo, não nos atingem; também não pode censurar-nos que nada nos restará, se nos tirarem o antropomorfismo objectivo do conceito do ser supremo.

De facto, se unicamente nos facultarem a princípio (como também *Hume* o faz nos seus diálogos, na pessoa de Fílon contra Cleantes), como uma hipótese necessária, o conceito *deísta* do ser originário, conceito esse em que o ser supremo é concebido unicamente através de predicados ontológicos, de substância, de causa, etc. (*o que se deve fazer* porque a razão, levada no mundo sensível por condições que, por seu turno, sempre são condicionadas, sem isso não pode ter nenhuma satisfação, e *o que também se pode fazer convenientemente,* sem cair no antropomorfismo, que transfere predicados tirados do mundo sensível para um ser inteiramente diferente do mundo, visto que esses predicados são simples categorias que,

---

motriz são coisas inteiramente dissemelhantes, mas existe na sua relação uma completa semelhança. Por meio de uma tal analogia, posso, pois, dar um conceito de relação entre coisas que me são totalmente desconhecidas. Por exemplo, assim como a promoção da felicidade das crianças = *a* se refere ao amor dos pais = *b,* assim a prosperidade do género humano = *c* se reporta ao que é desconhecido em Deus = *x,* que nós chamamos amor; não é que este amor tenha a melhor semelhança com alguma inclinação humana, mas porque podemos pôr a sua relação ao mundo como esmelhante àquela que as coisas do mundo têm entre si. O conceito de relação, porém, é aqui uma simples categoria, a saber, o conceito de causa, que nada tem a ver com a sensibilidade.

/ A 177

sem dúvida, não dão nenhum conceito determinado, mas também por isso mesmo nenhum conceito limitado a condições da sensibilidade): então, nada pode impedir-nos de predicar deste ser uma *causalidade pela razão* a respeito do mundo e de assim passar ao teísmo, sem justamente sermos obrigados a atribuir-lhe esta razão em si mesmo, como uma propriedade que lhe é inerente. Com efeito, no tocante ao *primeiro* ponto, o único meio possível de levar ao mais alto grau e sempre em acordo consigo no mundo sensível /178 o uso da razão relativamente a toda a experiência possível é admitir igualmente uma razão suprema como causa de todas as conexões no mundo: um tal princípio deve sempre ser vantajoso para a nossa razão, e nunca pode prejudicá-la no seu uso natural. *Em segundo lugar,* porém, não se transfere assim a razão como propriedade para o ser originário em si mesmo, mas apenas para a *sua relação* com o mundo dos sentidos e, portanto, o antropomorfismo é totalmente evitado. Com efeito, aqui, considera-se unicamente a *causa* da forma racional, que se encontra em toda a parte no mundo e atribui-se ao ser supremo, na medida em que contém o princípio desta forma racional do mundo, certamente da razão, mas apenas por analogia, isto é, na medida em que esta expressão indica somente a relação, para nós desconhecida, que existe entre a causa suprema e o mundo, para aí tudo determinar racionalmente no mais elevado grau possível. Evita-se assim o emprego deste atributo, a razão, para pensar Deus, utilizando-se, porém, para pensar o mundo, como isso é necessário a fim de, quanto ao mundo, chegarmos ao uso mais extenso possível da razão, segundo um princípio. Reconhecemos assim que o ser supremo, segundo aquilo que é em si mesmo, é para nós inteiramente impenetrável e até, *de modo determinado,* impensável; somos assim impedidos, segundo os nossos conceitos que temos da razão enquanto causa /179 eficiente (graças à vontade), de fazer um uso

/ A 178, 179

transcendente para determinar a natureza divina mediante propriedades, que, no entanto, sempre são tiradas somente da natureza humana, e de nos perdermos em conceitos grosseiros ou excêntricos e, por outro lado, de inundar a observação do mundo com explicações hiperfísicas segundo os nossos conceitos transferidos da razão humana para Deus, desviando-a da sua destinação própria, segundo a qual ela deve ser um estudo da simples natureza por meio da razão e não uma derivação temerária dos seus fenómenos a partir de uma razão suprema. A expressão adequada aos nossos fracos conceitos será que pensamos o mundo *como se* a sua existência e a sua determinação interna promanassem de uma razão suprema, mediante o que conhecemos, por um lado, a constituição que cabe ao próprio mundo, sem, no entanto, pretendermos determinar a da sua causa em si; por outro, colocamos *na relação* da causa suprema ao mundo o princípio desta constituição (da forma racional no mundo), sem achar que o mundo se baste a si mesmo ([1]).

/180 Esvanecem-se deste modo as dificuldades que parecem contrapor-se ao teísmo ao ligar-se ao princípio de *Hume*, de não induzir dogmaticamente o uso da razão para lá do domínio de toda a experiência possível, um outro princípio que *Hume* descurou inteiramente, a saber, o de não considerar o campo da experiência possível como aquilo que a si mesmo se limita aos olhos da nossa

---

([1]) Direi: a causalidade da causa suprema é, em relação ao mundo, o que a razão humana é relativamente às suas obras de arte. No entanto, a natureza da causa suprema permanece-me desconhecida: comparo somente o seu efeito que me é conhecido (a ordem do mundo) e a sua conformidade à razão com os efeitos também de mim conhecidos da razão humana e dou, por isso, /180 à causa suprema o nome de razão, sem portanto lhe atribuir como sua propriedade o que precisamente entendo no homem sob esta expressão ou qualquer outra coisa que me é conhecida.

/ A 180; nota / A 180

razão. A crítica da razão indica aqui a verdadeira via média entre o dogmatismo, que Hume combatia, e o cepticismo que ele, pelo contrário, queria introduzir, uma via média que, muito diferente das outras vias médias que se aconselham a por si mesmo as determinar de certo modo mecanicamente (um pouco de uma, um pouco de outra) sem que ninguém se esclareça sobre uma melhor, pode ser determinada exactamente segundo princípios.

§ 59

No começo desta observação, servi-me do símbolo do *limite* para fixar as fronteiras da razão em relação ao seu uso legítimo. O mundo dos sentidos contém simplesmente fenómenos que, no entanto, não são coisas em si; estas últimas *(noumena)* deve, pois, o entendimento admiti-las precisamente /181 porque conhece como simples fenómenos os objectos da experiência. Na nossa razão são examinadas as duas coisas e surge a questão: como procede a razão para limitar o entendimento relativamente aos dois campos? A experiência, que contém tudo o que pertence ao mundo dos sentidos, não se limita a si mesma: a partir de um condicionado, ela chega sempre apenas a um outro condicionado. O que a deve limitar deve encontrar-se inteiramente fora dela e esse é o campo dos puros seres inteligíveis. Mas este é para nós um espaço vazio, se se trata da *determinação* da natureza destes seres inteligíveis e se, tendo em vista conceitos dogmaticamente determinados, não pudermos sair do campo da experiência possível. Mas, visto que um limite é em si mesmo algo de positivo, que pertence tanto ao que nele está incluído, como ao espaço situado no exterior de um todo dado, ele é no entanto um conhecimento positivo real de que a razão participa unicamente por se estender para lá deste limite, mas sem tentar ultra-

---

/ A 181

passá-lo, porque então se encontraria perante um espaço vazio em que, certamente, pode pensar formas para as coisas, mas não as próprias coisas. Mas a *limitação* do campo da experiência por algo que, sob outros aspectos, lhe é desconhecido, constitui não obstante um conhecimento, que permanece adquirido nestas condições para a razão; ela não fica assim encerrada no interior do mundo sensível e também /182 não se perde fora dele, mas confina-se, como convém a um conhecimento dos limites, simplesmente à relação do que está fora deles com o que está contido no interior.

A teologia natural é um conceito deste género, no limite da razão humana, porque se vê forçada a olhar para a ideia de um ser supremo (e, sob o aspecto prático, também para a de um mundo inteligível), não para determinar seja o que for relativamente a este ser puramente inteligível, por conseguinte, fora do mundo sensível, mas unicamente para dirigir o seu próprio uso no seio do mesmo, segundo princípios da maior unidade possível (tanto teórica como prática) e se servir para este fim da relação deste mundo a uma razão autónoma, como à causa de todas estas conexões, mas sem *inventar* assim um ser imaginário; trata-se, porém, de o determinar desta única maneira, embora certamente por simples analogia, porque fora do mundo sensível deve necessariamente encontrar-se algo que só o entendimento puro concebe.

Deste modo subsiste a nossa proposição precedente, que é o resultado de toda a crítica: «a razão, com todos os seus princípios *a priori,* nunca nos ensina mais do que simples objectos de experiência possível e, acerca destes, também não mais do que o que pode ser conhecido na experiência»; mas esta restrição não a impede /183 de nos conduzir até ao *limite* objectivo da experiência, a saber, à relação a alguma coisa que, não sendo em si objecto da experiência, deve no entanto ser o princípio supremo de todos os objectos da experiência; contudo,

---

/ A 182, 183

não no-la faz conhecer em si, mas somente em relação ao próprio uso total da razão dirigido para os fins mais altos, no campo da experiência possível. É este, porém, todo o proveito que racionalmente se pode desejar apenas e com o qual há motivo para se contentar.

§ 60

Expusemos assim exaustivamente a metafísica, tal como ela é realmente dada na *condição natural* da razão humana e, certamente, naquilo que constitui o fim essencial da sua elaboração, segundo a sua possibilidade subjectiva. No entanto, visto que descobrimos que o uso simplesmente *natural* de uma tal disposição da nossa razão, se nenhuma disciplina da mesma, que só é possível pela crítica científica, lhe puser um freio e a colocar nas suas fronteiras, a enreda em conclusões *dialécticas* transcendentes, umas simplesmente fictícias, outras até mesmo contradizendo-se entre si; e, dado que, além disso, esta metafísica subtil é dispensável para o avanço do conhecimento da natureza, sendo-lhe mesmo prejudicial, será sempre um problema digno de investigação descobrir os *fins da natureza* para que tende esta disposição da nossa razão para conceitos /184 transcendentes, porque tudo o que se encontra na natureza deve estar estabelecido originalmente em vista de algum fim útil.

Uma tal investigação é, na realidade, dificultosa: por isso confesso que o que tenho a dizer a este respeito é unicamente conjectura, como tudo o que concerne aos primeiros fins da natureza, o que também me pode ser concedido neste caso, visto que a questão não respeita ao valor objectivo dos juízos metafísicos, mas à disposição natural para os formar e, portanto, reside fora do sistema da metafísica, na antropologia.

Quando examino todas as ideias transcendentais,

/ A 184

cujo conjunto constitui o problema próprio da razão pura natural, problema que a força a abandonar a simples observação da natureza e a ir além de toda a experiência possível e a realizar neste esforço a coisa (quer seja saber ou sofística) que se chama metafísica, creio aperceber-me de que esta disposição natural visa soltar o nosso pensamento das cadeias da experiência e das fronteiras da simples observação da natureza de modo a que ele divise pelo menos diante de si aberto um campo que contém simplesmente objectos do entendimento puro inacessíveis a toda a sensibilidade; sem dúvida, não com a intenção de com eles nos ocupar mediante a especulação (porque não encontramos chão algum onde possamos apoiar o pé), mas porque os princípios práticos, se não encontrassem diante de si um tal espaço /185 para a sua necessária expectativa e esperança, não poderiam alcançar a universalidade de que a razão precisa absolutamente na sua intenção moral.

Descubro então que a ideia *psicológica,* por pouco que eu através dela compreenda a natureza pura, superior a todos os conceitos empíricos, da alma humana, mostra pelo menos, bastante claramente, a insuficiência dos últimos, desviando-me assim do materialismo como de uma concepção psicológica sem utilidade para a explicação da natureza e restringindo, além disso, a razão ao seu fim prático. As ideias *cosmológicas,* ao mostrarem a impotência de todo o conhecimento possível da natureza para satisfazer a razão nas suas investigações legítimas, servem assim para nos desviar do naturalismo, que quer apresentar a natureza como bastando-se a si mesma. Por fim, já que toda a necessidade natural no mundo dos sentidos é constantemente condicionada, ao supor sempre a dependência das coisas a partir de outras, e que a necessidade incondicionada deve apenas ser buscada na unidade de uma causa distinta do mundo sensível, e que, por seu turno, a causalidade desta, se fosse unicamente

---

/ A 185

natureza, nunca poderia tornar compreensível a existência do contingente como sua consequência, a razão, graças à ideia *teológica,* liberta-se do fatalismo, necessidade cega da natureza tanto no /186 encadeamento da própria natureza, sem princípio primeiro, como também na causalidade deste próprio princípio, e conduz ao conceito de uma causa pela liberdade, por conseguinte, de uma inteligência suprema. As ideias transcendentais servem, pois, se não para nos instruir positivamente, pelo menos para eliminar as afirmações audaciosas do *materialismo,* do *naturalismo* e do *fatalismo,* que estreitam o campo da razão, e para criar assim um espaço, fora do domínio da especulação, para as ideias morais; isto explicaria de certo modo, parece-me, essa disposição natural.

A utilidade prática que pode ter uma ciência puramente especulativa encontra-se fora dos limites desta ciência e pode, pois, considerar-se com um simples escólio, que, como todos os escólios, não faz parte da própria ciência. No entanto, esta relação reside pelo menos no interior dos limites da filosofia, sobretudo daquela que vai beber às fontes puras da razão em que o uso especulativo da razão deve necessariamente formar uma unidade com o uso prático na moral. Por conseguinte, a dialéctica inevitável da razão pura numa metafísica considerada como disposição natural deve ser explicada não só como uma ilusão, que precisa de ser dissipada, mas também como *instituição da natureza* segundo o seu fim, se se puder, embora esta função, enquanto /187 além da obrigação, não possa ser exigida, com direito, da metafísica propriamente dita.

Deveria considerar-se como um segundo escólio, mas mais aparentado com o conteúdo da metafísica, a solução das questões tratadas na *Crítica* da pág. 647 até à pág. 668. Aí, com efeito, são propostos certos princípios da razão, que determinam *a priori* a ordem da natureza, ou antes, o entendimento, que deve buscar as suas

---

/ A 186, 187

leis pela experiência. Eles parecem ser constitutivos e legislativos em relação à experiência, visto que promanam da simples razão, a qual não deve, como o entendimento, ser considerada como um princípio de experiência possível. Ora, este acordo baseia-se no facto de que, assim como a natureza não adere em si aos fenómenos ou à sua fonte, a sensibilidade, mas apenas se mostra na relação desta ao entendimento, assim a unidade absoluta do uso do entendimento, em vista de uma experiência possível completa (num sistema), só pode pertencer a este entendimento com a relação à razão, por conseguinte, também a experiência se encontra mediatamente submetida à legislação da razão: eis uma questão a ser continuada por queles que querem investigar a natureza da razão, fora do seu uso na metafísica, mesmo nos princípios universais que tornam sistemática uma história da natureza em geral; com efeito, mostrei certamente nesse /188 escrito a importância deste problema, mas não procurei a sua resolução (1).

E assim terminei a solução analítica da questão capital por mim posta: Como é possível a metafísica em geral? ao subir desde o domínio onde o seu uso é realmente dado, pelo menos nas suas consequências, até aos princípios da sua possibilidade.

---

(1) Foi sempre minha intenção constante na Crítica nada descurar do que pudesse contribuir para completar a investigação da natureza da razão pura, por mais profundamente escondida que possa estar. Cada qual pode, em seguida, levar tão longe como quiser a sua investigação, uma vez que lhe foram indicadas quais as investigações que poderiam ainda ser empreendidas; é o que justamente se pode esperar daquele que assumiu a tarefa de medir todo este domínio, deixando a outros o cuidado de mais tarde o cultivarem e repartirem equitativamente. Eis a que se referem também os dois escólios que, devido à sua secura, com dificuldade se podem recomendar aos amadores e, por conseguinte, só foram propostos aos conhecedores.

/ A 188

SOLUÇÃO DA QUESTÃO GERAL DOS PROLEGÓMENOS

Como é possível a metafísica como ciência?

A metafísica, como disposição natural da razão, é real, mas é também, tomada em si mesma apenas (como o demonstrou a solução analítica da terceira questão fundamental), dialéctica e enganadora. Querer, pois, tirar desta os princípios e seguir, no uso dos mesmos, /189 uma aparência certamente natural, mas apesar de tudo falsa, eis o que nunca pode criar ciência, mas unicamente uma vã arte dialéctica, onde uma escola poderá prevalecer sobre outra, mas nenhuma delas obterá alguma vez uma aprovação legítima e duradoira.

Ora, afim de que, como ciência, possa ter a pretensão não apenas a uma persuasão enganadora, mas ao conhecimento e à convicção, é preciso que uma crítica da própria razão exponha toda a provisão dos conceitos *a priori*, a sua divisão segundo as diversas fontes, a sensibilidade, o entendimento e a razão; além disso, um quadro completo dos mesmos e a análise de todos estes conceitos

---

/ A 189

com tudo o que deles pode ser deduzido, mas, em seguida, sobretudo a possibilidade do conhecimento sintético *a priori* por meio da dedução destes conceitos, os princípios e também, finalmente, os limites do seu emprego; tudo isso, porém, num sistema completo. Portanto, a crítica, e só ela, contém o plano inteiro bem estudado e provado, mais, todos os meios de realização para que a metafísica possa surgir como ciência; por outros caminhos e meios, é impossível. Aqui, a questão não é tanto saber como esta tarefa é possível, mas como pô-la em andamento e levar bons espíritos do trabalho absurdo e estéril a que até agora se entregaram, para um trabalho infalível, e como é que uma tal união poderá ser dirigida para o /[190] fim comum da maneira mais adaptada.

Eis, pois, o que é certo: quem uma vez saboreou a crítica sente para sempre aversão por todo o palavriado dogmático, com que outrora forçosamente se contentava, porque a sua razão precisava de alguma coisa e nada de melhor podia encontrar para o seu entretenimento. A crítica está para a habitual metafísica de escola justamente como a *química* está para a *alquimia,* ou como a *astronomia* para a *astrologia* divinatória. Garanto que ninguém, depois de ter reflectido e compreendido os princípios da crítica, mesmo que só nestes prolegómenos, voltará mais a essa antiga e sofística falsa ciência; antes, olhará com um certo divertimento para uma metafísica, que está doravante em seu poder, que já não precisa também de nenhumas descobertas preliminares e que pode, pela primeira vez, fornecer à razão uma satisfação duradoira. Eis, pois, uma vantagem com a qual unicamente a metafísica, entre todas as ciências, pode confiadamente contar conseguir ser levada à perfeição e a um estado estável, visto que ela não mais precisa de mudar e também já não é capaz de crescimento em virtude de novas descobertas; pois a razão tem as fontes do seu conhecimento, não nos objectos e na sua intuição (pelos quais já em nada mais pode

/ A 190

ser ensinada), mas em si mesma, e quando expôs os princípios da sua faculdade de um modo /191 completo e determinado sem falsa interpretação possível, nada resta que a razão pura pudesse conhecer *a priori*, e até mesmo inquirir com justiça. A perspectiva certa de um saber tão determinado e circunscrito possui em si um encanto particular, se pusermos de lado toda a utilidade (da qual eu ainda hei-de falar posteriormente).

Toda a arte falsa, toda a ciência vã tem o seu tempo de duração; pois acaba por aniquilar-se a si mesma e a sua mais elevada cultura constitui simultaneamente a época da sua decadência. Este momento chegou agora para a metafísica :prova-o o estado em que ela caiu em todos os povos cultivados, quando aí se estudam com todo o ardor as ciências de todo o género. A antiga organização dos estudos universitários conserva ainda a sua sombra; uma única academia das ciências, ao propor ocasionalmente prémios, leva a uma e outra tentativa nesta matéria, mas ela já não se conta entre as ciências sérias e pode julgar-se por si mesmo como é que um homem brilhante, a quem se quisesse chamar um grande metafísico, aceitaria este elogio bem intencionado, mas dificilmente invejável para alguém.

Mas embora tenha chegado incontestavelmente o tempo da decadência de toda a metafísica dogmática, falta ainda muito para se poder afirmar que o tempo da sua ressurreição, mediante uma crítica sólida e completa /192 da razão, tenha, pelo contrário, já surgido. Todas as transições de uma inclinação para a inclinação oposta passam pelo estado de indiferença e este momento é o mais perigoso para um autor, mas, não obstante, segundo me parece, o mais favorável à ciência. Pois, quando o espírito de partido se extinguiu em virtude da dissolução total de antigas associações, as almas encontram-se na melhor disposição para escutarem pouco a pouco sugestões de união num outro plano.

/ A 191, 192

Quando digo que tenho a esperança de que estes prolegómenos venham talvez a provocar investigações no campo da crítica e a fornecer ao espírito geral da filosofia, o qual parece carecer de alimentos na parte especulativa, um objecto de entretenimento novo e muito prometedor, posso já imaginar de antemão que todos aqueles que se tornaram reluctantes e desgostosos com os caminhos espinosos, pelos quais eu os conduzi na *Crítica,* me perguntarão sobre onde se fundará essa esperança. Respondo: *na lei irresistível da necessidade.*

Que o espírito do homem renuncie de uma vez por todas às inquirições metafísicas é tão pouco de esperar como nós suspendermos completamente a nossa respiração para não respirarmos sempre um ar impuro. Por conseguinte, sempre haverá /193 no mundo e, mais ainda, em cada homem, sobretudo no homem que pensa, uma metafísica que, à falta de um padrão geral, cada qual talhará a seu modo. Ora, o que até agora se chamou metafísica não pode satisfazer nenhum espírito que reflecte; mas, abdicar dela inteiramente também é impossível, portanto, é necessário *tentar* uma crítica da própria razão pura ou, se existe uma, *examiná-la* e submetê-la a uma prova universal, porque não há outro meio de satisfazer esta necessidade premente, a qual é mais do que um simples desejo de saber.

Desde que conheço a crítica, ao acabar a leitura de alguma obra de conteúdo metafísico que, pela precisão dos conceitos, pela variedade, ordem e fácil exposição, me agradasse e ao mesmo tempo cultivasse, nunca pude impedir-me de perguntar: *fez este autor realmente avançar um passo à metafísica*? Peço perdão aos homens ilustrados cujas obras me foram úteis sob outro ponto de vista e sempre contribuíram para a cultura das faculdades espirituais, porque confesso que, nem nos seus ensaios, nem nem nos meus, aliás inferiores (em favor dos quais fala, no entanto, o amor próprio), consegui descobrir que

---

/ A 193

assim se fizesse avançar minimamente /[194] a ciência, e isso a partir da causa inteiramente natural de que a ciência ainda não existia, e não pode também compor-se de pedaços, mas o seu germe deve antes estar inteiramente pre-formado na crítica. Para prevenir todo o mal-entendido, importa recordar o que foi dito anteriormente, que através do tratamento analítico dos nossos conceitos se fez, sem dúvida, justiça suficiente ao entendimento, mas a ciência (da metafísica) não deu deste modo o mínimo passo, porque esses desmembramentos dos conceitos são apenas materiais com que é preciso primeiramente construir a ciência. Que se analise, pois, e se determine oportunamente o conceito de substância e de acidente; isso é muito bom como preparação para qualquer uso futuro. Mas, se não posso provar que, em tudo o que existe, a substância permanece e só os acidentes mudam, através de toda essa análise não se fez avançar minimamente a ciência. Ora, até agora, a metafísica não conseguiu demonstrar validamente *a priori* nem este princípio, nem o princípio de razão suficiente, ainda menos alguma proposição mais complexa que dissesse respeito, por exemplo, à psicologia ou à cosmologia, em suma, nenhuma proposição sintética: portanto, nada se cumpriu, nada se produziu e se fez progredir através de toda essa análise e, após tanta agitação e ruído, a ciência continua ainda onde /[195] estava no tempo de *Aristóteles,* embora a preparação, se apenas se tivesse descoberto o fio que conduz aos conhecimentos sintéticos, seja incontestavelmente muito melhor do que outrora.

Se alguém se julga ofendido por isso, facilmente pode reduzir a nada esta acusação pela simples apresentação de uma única proposição sintética pertencente à metafísica, que ele se propõe demonstrar *a priori* pelo método dogmático; se o fizer, mas só então, lhe concederei que realmente contribuiu para o progresso da ciência: ainda que esta proposição fosse, além disso, suficientemente con-

---

/ A 194, 195

firmada pela experiência vulgar. Nenhuma condição pode ser mais moderada e mais justa e, no caso (inevitavelmente certo) de fracasso, nenhuma observação pode ser mais legítima do que esta: até agora, a metafísica ainda não existiu como ciência.

Contudo, no caso de o desafio ser aceite, há duas coisas que não devo aceitar: primeiramente, o jogo da *verosimilhança* e da conjectura, que calha tão mal à metafísica como à geometria; em segundo lugar, a decisão mediante a varinha de condão do assim chamado *senso comum,* que não toca a toda a gente, mas se orienta segundo propriedades pessoais.

/196 Com efeito, no que respeita ao *primeiro ponto,* nada de mais absurdo se pode encontrar do que querer, numa metafísica, uma filosofia de razão pura fundar os seus juízos na verosimilhança e na hipótese. Tudo o que deve ser conhecido *a priori* é, por isso mesmo, dado como apodicticamente certo e deve, por conseguinte, ser também assim demonstrado. Outro tanto querer fundar uma geometria ou uma aritmética em conjecturas; pois, no tocante ao *calculus probabilium* da aritmética, ele não contém juízos verosímeis, mas inteiramente certos, sobre o grau de possibilidade de certos casos, em condições idênticas dadas, os quais, na soma de todos os casos possíveis, devem produzir-se infalivelmente segundo a regra, embora esta não esteja suficientemente determinada quanto a cada evento particular. Só na ciência empírica da natureza podem ser permitidas conjecturas (por meio da indução e da analogia) com a condição, porém, de que pelo menos a possibilidade do que eu admito seja inteiramente certa.

É ainda pior, se possível, *apelar para o bom senso,* quando se trata de conceitos e de princípios, não enquanto devem ser válidos no tocante à experiência, mas enquanto pretendem dar-se como válidos mesmo fora das condições da experiência. De facto, o que é o *bom senso*? É o *senso*

/ A 196

comum enquanto /¹⁹⁷ julga rectamente. E o que é o senso comum? É a faculdade do conhecimento e do uso das regras *in concreto*, por oposição ao *entendimento especulativo*, que é uma faculdade do conhecimento das regras *in abstracto*. Deste modo, o senso comum dificilmente compreenderá a máxima de que tudo o que acontece é determinado por meio da sua causa, e jamais a poderá apreender assim de um modo geral. Exige, portanto, um exemplo tirado da experiência e, quando ouve que este nada mais significa do que o que ele sempre pensara quando lhe foi partida uma vidraça ou um dos seus móveis desapareceu, compreende então o princípio e o admite. Por conseguinte, o senso comum não tem mais nenhum uso a não ser enquanto ele pode ver as suas regras confirmadas pela experiência (embora estas lhe sejam realmente intrínsecas *a priori*), por conseguinte, compreendê-las *a priori* e independentemente da experiência depende do entendimento especulativo e ultrapassa o horizonte do senso comum. A metafísica, porém, tem apenas a ver com esta última espécie de conhecimento e é, sem dúvida, um mau sinal de bom senso apelar para um garante que aqui não profere nenhum juízo e que normalmente se olha por cima do ombro, a não ser quando se está na dificuldade e, na sua especulação, nem sabe aconselhar-se nem sair-se bem.

/[198] É um subterfúgio habitual, de que costumam servir-se os falsos amigos do senso comum (que ocasionalmente o celebram, mas de ordinário o desprezam), dizer: No fim de contas, é preciso que haja algumas proposições que são imediatamente certas, acerca das quais não seja preciso fornecer nenhuma prova, mas também nenhuma justificação, porque, de outro modo, nunca se poria um fim aos motivos dos seus juízos; mas, para prova deste direito, nunca podem aduzir (fora do princípio de contradição, que não é suficiente para demonstrar a verdade de juízos sintéticos) como algo indubitável, que

/ A 197, 198

possam atribuir imediatamente ao sentido comum, senão proposições matemáticas: por exemplo, que dois e dois são quatro, que entre dois pontos apenas é possível traçar uma linha recta, etc. Mas estes juízos são diametralmente opostos aos da metafísica. Com efeito, na matemática, posso fazer (construir) pelo meu próprio pensamento tudo o que eu me represento como possível, graças a um conceito: acrescento a um dois o outro dois e formo assim o número quatro, ou então, traço em pensamento de um ponto a outro toda a espécie de linhas e unicamente posso traçar uma, semelhante em todas as suas partes (iguais ou desiguais). Mas, mediante toda a força /[199] do meu pensamento, não posso, a partir do conceito de uma coisa, extrair o conceito de outra, cuja existência está necessariamente ligada à primeira, mas devo consultar a experiência, e, embora o meu entendimento me forneça *a priori* (porém, sempre em relação a uma experiência possível) o conceito de uma tal conexão (a causalidade), no entanto, não a posso representar *a priori* na intuição, como os conceitos da matemática e, por conseguinte, estabelecer *a priori* a sua possibilidade; mas este conceito, juntamente com os princípios da sua aplicação, requer sempre, para ser *a priori* válido — como se exige na metafísica —, uma justificação e uma dedução da sua possibilidade, porque, de outro modo, não se sabe até que ponto é válido, e se se pode utilizar apenas na experiência ou também fora dela. Portanto, em metafísica, ciência especulativa da razão pura, jamais se pode apelar para o sentido comum, a não ser quando se é forçado a abandoná-la e a renunciar a todo o conhecimento especulativo puro, que deve ser sempre um saber, por conseguinte, à própria metafísica e aos seus ensinamentos (em certas circunstâncias), e quando para nós se pode apenas encontrar como possível uma crença racional, a qual também é suficiente para as nossas necessidades (talvez mais salutar do que o próprio saber). Então, com

/ A 199

efeito, o aspecto das coisas muda inteiramente. A metafísica deve /200 ser uma ciência, não só na totalidade, mas também em todas as suas partes, de outro modo, nada é; porque, enquanto especulação da razão pura, só pode recorrer a actos de compreensão geral. Mas, fora dela, a verosimilhança e o bom senso podem certamente ter o seu uso útil e legítimo, segundo, porém, princípios absolutamente próprios e cuja autoridade depende sempre da relação ao prático.

Eis aquilo que me considero autorizado a exigir para a possibilidade de uma metafísica como ciência.

/ A 200

APÊNDICE DO QUE PODE SER FEITO PARA TORNAR REAL A METAFÍSICA COMO CIÊNCIA

Visto que todos os caminhos, que até agora se escolheram, não atingiram este fim, e também porque sem uma crítica prévia da razão pura o mesmo jamais será alcançado, não parece fora de propósito a sugestão de submeter o ensaio, aqui presente, a um exame preciso e atento, a não ser que se considere mais aconselhável renunciar /201 totalmente a todas as pretensões metafísicas, caso esse em que, contanto que se permaneça fiel à sua resolução, nada há a objectar. Se se tomar o curso das coisas, como ele é realmente, e não como devia processar-se, há dois tipos de juízo: *um juízo que precede a investigação* e tal é, no nosso caso, aquele que o leitor pronuncia, a partir da sua metafísica, sobre a crítica da razão pura (que, antes de mais, deve pesquisar a sua possibilidade); e, em seguida, um outro *juízo que se segue à investigação,* em que o leitor pode deixar de lado, por um momento, as conclusões resultantes das inquirições críticas, que podem violar com força bastante a sua metafísica aceite, e examina em primeiro lugar os princípios a

/ A 201

partir dos quais essas conclusões podem scr inferidas. Se o que a metafísica comum propõe fosse absolutamente certo (como a geometria, por exemplo), a primeira maneira de julgar seria válida; com efeito, se as conclusões tiradas de princípios certos se opõem a verdades estabelecidas, esses princípios são falsos e devem ser rejeitados sem outro exame. Mas se, na realidade, a metafísica não possui uma reserva de proposições incontestavelmente certas (sintéticas) e se, possivelmente, uma quantidade destas, tão fictícias como as melhores entre elas, se contradizem, contudo, nas suas consequências, se de todo não se encontrar em nenhum lado um critério seguro da verdade de proposições genuinamente metafísicas /202 (sintéticas), a primeira maneira de julgar não pode ter lugar, mas é preciso que o exame dos princípios da crítica preceda todo o juízo sobre o seu valor ou não-valor.

/ A 202

EXEMPLO DE UM JUÍZO SOBRE A CRÍTICA ANTERIOR A TODA A INVESTIGAÇÃO

Um juízo deste género encontra-se nas *Notícias ilustradas de Gotinga,* terceiro artigo do Suplemento, 19 de Janeiro de 1782, página 40 e ss.

Quando um autor, que conhece bem o objecto da sua obra, que se esforçou em geral por pôr na elaboração desta a sua reflexão pessoal, cai nas mãos de um crítico que é, por seu lado, bastante perspicaz para descobrir os pontos em que assenta o valor ou não-valor da obra e que, sem ficar pelas palavras, atende às coisas, não se contentando com crivar e examinar os princípios donde partiu o autor, é possível que o rigor do juízo desagrade a este último, mas o público, pelo contrário, permanece indiferente, porque tem aí ganho; e o próprio autor pode ficar contente porque tem a ocasião de rectificar /203 ou de comentar os seus ensaios, cedo examinados por um conhecedor, e tirar assim a tempo, se no fundo ele julga ter razão, a pedra de escândalo que, na sequência, poderia prejudicar a sua obra.

Encontro-me com o meu crítico numa situação intei-

/ A 203

ramente diferente. Ele parece não compreender aquilo de que propriamente se trata na investigação a que me votei (com ou sem sucesso); e, quer seja por impaciência em ter de abranger pelo pensamento uma obra tão vasta, quer seja por humor sombrio relativamente a uma reforma iminente de uma ciência na qual ele pensava estar tudo a limpo já há muito, ou ainda, suposição que faço contra vontade, por real estreiteza de concepção responsável pelo facto de ele nunca ultrapassar pelo pensamento a sua metafísica de escola, numa palavra, ele percorre com impetuosidade uma longa série de proposições, que é impossível pensar sem conhecer as suas premissas, espalha de tempos a tempos a sua censura, cujo motivo o leitor apreende tão pouco como compreende as proposições contra as quais ele parece dirigido; deste modo, não pode nem ser útil ao público no tocante à informação, nem prejudicar-me a mim minimamente no juízo dos conhecedores. Por conseguinte, passaria completamente em silêncio este juízo se ele não me proporcionasse a ocasião de algumas explicações /204 que, em certos casos, podem preservar o leitor destes Prolegómenos de uma interpretação errónea.

Mas, a fim de ter um ponto de vista a partir do qual mais facilmente pudesse apresentar a obra inteira, de um modo desfavorável ao autor, o crítico, sem se esforçar por alguma investigação particular, começa e termina também dizendo: «Esta obra é um sistema do idealismo transcendente (ou, como ele traduz, superior)» (1).

---

(1) De modo algum *superior*. Altas torres e os grandes homens da metafísica que se lhes assemelham, em torno dos quais há geralmente muito vento, não me convêm. O meu lugar é o fértil *Bathos* da experiência, e a palavra transcendental, cujo significado, tantas vezes indicado por mim, nem sequer foi compreendido pelo crítico (tão descuidadamente ele examinou tudo), não aponta para o que ultrapassa toda a experiência, mas para o que certamente a precede

---

/ A 204

Ao ver esta linha compreendi logo que tipo de recensão dali sairia; mais ou menos como se alguém, que nunca tivesse ouvido falar ou nada tivesse visto de geometria, ao encontrar um exemplar de Euclides e sendo-lhe /205 pedido um juízo a seu respeito, dissesse, depois de, ao folhear, ter notado muitas figuras: «o livro é uma instrução sistemática para o desenho: o autor serve-se de uma língua particular para dar prescrições obscuras, incompreensíveis, que, no fim, nada mais podem conseguir do que o que cada um pode fazer mediante um bom olhar seguro natural, etc.».

Vejamos, porém, que idealismo pervade toda a minha obra, embora ele esteja muito longe de constituir a alma do sistema.

A tese de todos os idealistas genuínos, desde a escola eleática até ao bispo *Berkeley*, está contida nesta fórmula: «todo o conhecimento a partir dos sentidos e da experiência nada mais é do que ilusão, e a verdade unicamente existe nas ideias do entendimento puro e da razão pura».

O princípio que constantemente rege e determina o meu idealismo, pelo contrário, é: «Todo o conhecimento das coisas a partir unicamente do entendimento puro ou da razão pura não é mais do que ilusão, e a verdade existe apenas na experiência».

/206 Isto é, justamente, o contrário desse idealismo genuíno; como é que eu cheguei a servir-me desta expressão numa intenção totalmente oposta e como é o crítico o viu em toda a parte?

A solução desta dificuldade assenta numa coisa que

(a priori), com o único fim de tornar possível simplesmente o conhecimento experimental. Se estes conceitos ultrapassam a experiência, o seu uso chama-se então transcendente, que se distingue do uso imanente, isto é, restringido à experiência. Na obra preveniram-se suficientemente todas as falsas interpretações deste tipo: só que o crítico retirou vantagem dessas falsas interpretações.

/ A 205, 206

muito facilmente se poderia ter observado, se tivesse havido vontade, no conjunto da obra. O espaço e o tempo, juntamente com tudo o que contêm, não são coisas em si ou as suas propriedades em si, mas pertencem simplesmente aos fenómenos; até aí, a minha profissão de fé é a mesma desses idealistas. Mas estes e, entre eles, sobretudo *Berkeley*, consideravam o espaço como uma simples representação empírica que, como os fenómenos nele compreendidos, nos seria conhecido juntamente com todas as suas determinações apenas mediante a experiência ou a percepção; eu, pelo contrário, mostro primeiramente que o espaço (bem como o tempo, a que *Berkeley* não atendia) pode ser conhecido por nós *a priori* com todas as suas determinações, porque ele, tal como o tempo, está em nós antes de toda a percepção ou experiência, como forma pura da nossa sensibilidade, tornando possível toda a intuição sensível e, por conseguinte, todos os fenómenos. Daí se segue que, em virtude de a verdade se basear em leis universais e necessárias como /207 seus critérios, a experiência em *Berkeley* não pode ter critérios da verdade, porque ele não forneceu aos seus fenómenos nenhum fundamento *a priori*, donde se segue, pois, que eles nada mais são do que ilusão; pelo contrário, em nós, o espaço e o tempo (em ligação com os conceitos puros do entendimento) prescrevem *a priori* a toda a experiência possível a sua lei, que ao mesmo tempo fornece o critério certo para nela distinguir a verdade da ilusão (1).

---

(1) O idealismo propriamente dito teve sempre uma intenção mística e não pode ter outra; o meu idealismo, porém, visa simplesmente compreender a possibilidade do nosso conhecimento *a priori* dos objectos da experiência, problema que até agora não foi resolvido, nem sequer levantado. Assim cai todo o idealismo místico que sempre (como já se pode ver em Platão) concluía dos nossos conhecimentos *a priori* (mesmo os da geometria) para uma outra intuição diversa da intuição sensível (a saber, a intuição

---

/ A 207

O meu pretenso idealismo (estritamente falando, crítico) é, pois, de uma espécie inteiramente particular, porque derruba o idealismo ordinário e por ele todo o conhecimento *a priori*, mesmo o da geometria, adquire pela primeira vez uma realidade objectiva que, sem a idealidade do espaço e do tempo, por mim demonstrada, nem sequer poderia ser afirmada pelos realistas mais ardentes. Em tal estado de coisas, gostaria eu, para obstar /208 a todo o mal-entendido, de poder dar outra denominação à minha concepção; mas modificá-la inteimente não é fácil. Que me seja, pois, permitido chamá-la no futuro, como já antes se fez, idealismo formal, ou melhor ainda, crítico, a fim de o distinguir do idealismo dogmático de *Berkeley* e do idealismo céptico de *Descartes*.

Nada mais encontro digno de nota na recensão do meu livro. O seu autor pensa constantemente *en gros*, um procedimento que é habitualmente escolhido, porque aí não se trai o seu próprio saber ou ignorância: um único juízo desenvolvido *en détail*, se tivesse incidido, como é justo, na questão principal, teria talvez revelado o meu erro, talvez também o grau de perspicácia do crítico neste género de pesquisas. Também não era nenhum artifício mal imaginado para cedo tirar aos leitores, que estão habituados a fazer uma ideia dos livros a partir das notícias dos jornais, o desejo de ler o próprio livro, mas proferir num só fôlego, umas atrás das outras, uma multidão de proposições que, separadas das suas provas e explicações (sobretudo, estando estas totalmente nos antípodas de toda a metafísica escolástica), devem necessariamente parecer absurdas, e assaltar a paciência do leitor até ao /209 desgosto, e, no fim de tudo, após me

---

intelectual), porque não ocorria a ideia de que os sentidos também deviam ter a intuição *a priori*.

/ A 208, 209

ter feito conhecer a proposição engenhosa de que a ilusão perpétua é verdade, concluir com esta lição áspera, mas paterna: Para quê, pois, a querela com a linguagem recebida, para quê e donde vem esta distinção de idealismo? Um juízo que, finalmente, põe toda a originalidade do meu livro, que devia ser antes de mais uma heresia metafísica, numa simples novidade de linguagem; e demonstra claramente que o meu pretenso juiz nada dele comprendeu, mais ainda, que não se compreendeu a si mesmo (1).

O crítico, porém, fala como um homem que deve estar consciente de conhecimentos mais importantes e superiores, que ele mantém ocultos; de facto, em relação à metafísica, nada ultimamente me chegou ao conhecimento que pudesse justificar um tal tom. No entanto, é muito injusto em privar o mundo das suas descobertas; pois certamente outros puderam constatar, /210 tal como eu, que, apesar de todas as coisas belas que, de há muito, foram escritas nesta matéria, a ciência nem por isso avançou a espessura de um dedo. Aliás, apurar definições, fornecer muletas novas a provas claudicantes, dar ao centão da metafísica trapos novos ou uma mudança de corte, isso pode estar bem, mas não é o que o mundo exige. O mundo está saturado de afirmações metafísicas:

---

(1) O crítico bate-se na maior parte do tempo com a sua própria sombra. Quando eu contraponho a verdade da experiência ao sonho, ele não pensa que aqui se trata apenas do conhecido *somnio objective sumpto* da filosofia de Wolf, o qual é simplesmente formal e onde não se tem em vista a diferença do sono e da vigília, diferença essa que também não pode ser considerada numa filosofia transcendental. De resto, chama ele à minha dedução das categorias e ao quadro dos princípios do entendimento: «princípios comumente conhecidos da lógica e /210 da ontologia, expressos de forma idealista». O leitor tem apenas de examinar a tal respeito estes Prolegómenos para se convencer de que nenhum juízo mais pobre e mesmo historicamente mais falso pode ser proferido.

/ A 210; nota / A 210.

pretende-se a possibilidade desta ciência, as fontes a partir das quais se possa derivar a sua verdade, e critérios seguros para distinguir a verdade da ilusão dialéctica da razão pura. O nosso crítico deve aqui possuir a chave, de outro modo ele nunca teria falado com um tom tão importante.

Mas começo a suspeitar que talvez nunca lhe tenha ocorrido ao pensamento uma tal necessidade da ciência, porque então teria dirigido o seu exame crítico para este ponto e até mesmo uma tentativa falhada, num assunto tão relevante, despertaria a sua atenção. Se assim é, eis nos de novo bons amigos. Pode, pelo pensamento, penetrar tão profundamente quanto lhe agradar /211 na sua metafísica; ninguém o deve aqui impedir, mas ele não pode formular um juízo sobre aquilo que está fora da metafísica, a saber, a fonte da mesma que se encontra na razão. Que a minha suspeita, porém, não é sem fundamento provo-o pelo facto de o crítico não ter dito sequer uma palavra acerca da possibilidade do conhecimento *a priori,* que era o problema genuíno, de cuja solução depende totalmente o destino da metafísica e o alvo para onde se encaminha a minha crítica (como também estes prolegómenos). O idealismo com que ele embateu e ao qual se agarrou fora admitido na doutrina apenas como o único meio de resolver esse problema (embora ele tivesse ainda outras razões para o confirmar); deveria, pois, ter mostrado ou que esse problema não tem a importância que eu lhe atribuo (como também aqui nos Prolegómenos), ou não pode ser resolvido mediante o meu conceito dos fenómenos ou que pode ainda ser mais bem sucedido por um outro método; acerca de tudo isso, porém, não encontro uma palavra na sua recensão. Por conseguinte, o crítico nada compreendeu da minha obra, e talvez não tenha também compreendido nada do espírito e da essência da metafísica, a não ser que — o que de boa vontade admito — a

/ A 211

sua precipitação de crítico, indignada com a dificuldade em abrir um caminho através de tantos obstáculos, tenha lançado uma sombra prejudicial sobre a /212 obra a ele proposta, tornando-a para ele indistinta nos seus traços principais.

Falta ainda muito para que um jornal erudito, seja qual for o cuidado que tenha em escolher bem os seus colaboradores, possa defender, no domínio da metafísica como também noutros, uma consideração aliás merecida. As outras ciências e os outros conhecimentos possuem, contudo, o seu padrão. A matemática tem o seu em si mesma, a história e a teologia encontram-no nos livros profanos ou sagrados, a ciência da natureza e a medicina na matemática e na experiência, o direito nos livros sobre a legislação, e mesmo as coisas do gosto nos modelos dos Antigos. Mas, para julgar a coisa que se chama metafísica, deve primeiro encontrar-se o padrão (fiz uma tentativa para o determinar a ele e ao seu uso). Que há, pois, a fazer até ele ser encontrado, se, não obstante, importa avaliar escritos deste género? Se eles são de tipo dogmático, pode agir-se como se quiser: aqui ninguém se erigirá em mestre relativamente a outros, se se encontrar alguém que lhe pague na mesma medida. Se, porém, são de natureza crítica, visando não outros escritos, mas a própria razão, de maneira que o padrão de avaliação não pode já ser adoptado, mas /213 deve primeiramente ser procurado, podem, neste caso, admitir-se objecções e censuras; a compatibilidade, porém, deve estar na base, porque a necessidade é comum e a carência de conhecimento necessário torna inadmissível a atitude decisiva de um juiz.

Mas, para conectar ao mesmo tempo a minha defesa ao interesse da comum organização filosofante, proponho uma tentativa que é decisiva para a maneira de dirigir todas as investigações metafísicas para o seu fim comum. Ela nada mais é do que o que, aliás, fizeram os matemá-

---

/ A 212, 213

ticos a fim de, numa competição, decidirem da superioridade dos seus métodos, a saber, uma intimação feita ao meu crítico de provar segundo o seu método, mas, como convém, por princípios *a priori,* uma só que seja das proposições verdadeiramente metafísicas por ele afirmadas, isto é, sintéticas e conhecidas *a priori* por conceitos, possivelmente uma das mais indispensáveis, por exemplo, o princípio da permanência da substância ou da determinação necessária dos eventos do mundo pela sua causa. Se ele não conseguir (o silêncio é uma confissão), deve admitir que, visto a metafísica nada ser sem a certeza apodíctica das proposições desta espécie, importa primeiramente estabelecer a possibilidade ou impossibilidade destas numa crítica /214 da razão pura, por conseguinte, é obrigado ou a reconhecer que os meus princípios na *Crítica* são exactos, ou a provar a sua invalidade. Mas, como prevejo já que, seja qual for a despreocupação com que até agora se abandonou aos seus princípios, se se tratar de uma prova estrita, ele não encontrará um só em todo o âmbito da metafísica com que possa apresentar-se ousadamente, quero conceder-lhe a condição mais vantajosa que pode esperar-se num debate, a saber, dispensá-lo do *onus probandi* e tomá-lo eu a meu cargo.

Ele encontra nestes Prolegómenos e na minha *Crítica,* p. 426-461, oito proposições que se opõem duas a duas, mas pertencendo cada uma necessariamente à metafísica, e que esta deve ou aceitar ou recusar (embora nenhuma delas exista que não tenha sido nalguma época admitida por um filósofo qualquer). Ele tem a liberdade de escolher à vontade uma destas oito proposições e de a admitir, faço-lhe este favor, sem demonstração; mas só uma (porque perder tempo ser-lhe-á tão pouco proveitoso como a mim) e, em seguida, atacar a minha prova da proposição contrária. Se eu puder salvá-la e mostrar assim /215 que, segundo princípios que toda a metafísica dogmática deve necessariamente reconhecer, o contrário da

/ A 214, 215

proposição por ele adoptada pode de modo igualmente claro ser demonstrado, fica assim estabelecido que na metafísica reside um vício original que não pode explicar-se e ainda menos eliminar-se, a não ser subindo ao seu lugar de origem, a própria razão; e deste modo, a minha crítica deve ser admitida ou ser substituída por uma melhor ou, pelo menos, ser estudada: eis a única coisa que agora peço. Se, pelo contrário, não puder salvar a minha prova, permanece de pé em favor do meu adversário uma proposição sintética *a priori* estabelecida em princípios dogmáticos e, por conseguinte, a minha acusação da metafísica comum era injusta e ofereço-me para reconhecer como legítima a sua censura da minha *Crítica* (embora não houvesse de ser esta a consequência). Seria por isso necessário, parece-me, *renunciar ao 'incognito'*, porque não vejo como, em vez de ter de responder a uma só questão, conseguiria evitar ser honrado ou assaltado por adversários anónimos e, contudo, incompetentes.

/216 PROPOSTA DE UM EXAME DA CRITICA A QUE SE PODERÁ SEGUIR UM JUÍZO

Sinto-me igualmente obrigado perante o público esclarecido pelo silêncio com que, durante tanto tempo, honrou a minha *Crítica;* com efeito, tal silêncio demonstra uma suspensão de juízo e, por conseguinte, alguma presunção de que numa obra, que deixa de lado todos os caminhos habituais e envereda por um novo, onde não é possível reconhecer-se imediatamente, talvez alguma coisa exista mediante a qual se possa fornecer nova vida e fecundidade a um ramo importante, hoje morto, dos conhecimentos humanos; por conseguinte, uma prova do cuidado em não quebrar e destruir por um juízo precipitado o enxerto ainda delicado. Um exemplo de juízo retardado por tais razões surge-me só agora diante dos olhos na *Gazeta erudita de Gotha,* e a sua solidez (sem atender ao elogio suspeito que aqui faço) pode constatá-la por si mesmo cada leitor, em virtude da apresentação clara e fiel de uma passagem referente aos primeiros princípios da minha obra.

E agora sugiro, visto que um exame sumário não

/ A 216

pode bastar para apreciar imediatamente /217 no seu todo um vasto edifício, que ela seja estudada a partir do seu fundamento, peça por peça, e que se utilizem os presentes prolegómenos como um esboço geral com o qual, ocasionalmente, se poderia comparar a própria obra. Se esta proposta não tivesse outro fundamento além da minha presunção de importância, que a vaidade atribui ordinariamente a todos os produtos próprios, seria indiscreta e mereceria ser rejeitada com indignação. No entanto, a filosofia especulativa encontra-se presentemente num estado tal que está em vias de se extinguir totalmente, embora a razão humana adira a ela por uma tendência inextinguível, e que, unicamente por ser sem cessar enganada, tenta agora, se bem que em vão, transformar-se em indiferença.

Na nossa época de reflexão, não pode supor-se que muitos homens de mérito não se aproveitem de toda a boa ocasião para colaborar no interesse comum da razão que a si cada vez mais se esclarece, se apenas surgir a esperança de atingir esse fim. A matemática, a ciência da natureza, as leis, as artes, a própria moral, etc., ainda não enchem inteiramente a alma; sobra sempre nela um espaço balizado para a simples razão pura e especulativa e o seu vazio força-nos a buscar em /218 ninharias ou futilidades, ou também em devaneios místicos, aparentemente uma ocupação e entretenimento, no fundo, porém, apenas distracção para abafar o apelo importuno da razão, que, conformemente à sua destinação, exige algo que a satisfaça em si mesma, e não a ponha em andamento apenas em vista de outros objectivos ou no interesse das inclinações. Por conseguinte, uma consideração que se ocupa simplesmente deste âmbito da razão tomada em si mesma, justamente porque neste campo todos os outros conhecimentos, e mesmo todos os outros fins, devem encontrar-se e unir-se num todo, como eu presumo com fundamento, possui uma grande atracção para todo aquele

---

/ A 217, 218

que unicamente tentou alargar assim os seus conceitos, e posso até dizer uma atracção maior do que qualquer outro saber teórico, que não se trocaria facilmente por aquele.

Mas eu proponho estes Prolegómenos como plano e fio condutor da investigação, e não a própria obra, porque, se ainda agora estou plenamente satisfeito no tocante ao conteúdo, à disposição, ao método e ao cuidado que foi votado a cada proposição, a fim de a pesar e examinar com precisão antes de a propor (pois, foram precisos anos para me satisfazer totalmente não só com o todo, mas, por vezes, também com uma única proposição em relação /219 às suas fontes), em contrapartida, não estou inteiramente satisfeito com a minha exposição em certas secções da doutrina elementar, por exemplo, na dedução dos conceitos do entendimento ou na secção dos paralogismos da razão pura, porque uma certa extensão dos mesmos impede a claridade; em seu lugar, pode, pois, tomar-se como base do exame o que os prolegómenos aqui dizem relativamente a essas secções.

Diz-se que os Alemães conseguem ir mais longe do que os outros povos naquilo que exige perseverança e aplicação persistente. Se esta opinião é fundada, apresenta-se então agora aqui uma ocasião de rematar uma obra, de cujo resultado feliz dificilmente se pode duvidar e na qual todos os homens de pensamento participam igualmente, empreendimento que, no entanto, não foi até agora conseguido, e também de confirmar essa opinião favorável; tanto mais que a ciência em questão é de espécie tão particular que pode, de uma só vez, ser levada à sua total perfeição e àquele *estado de estabilidade,* visto que ela não mais pode fazer o mínimo progresso, ser alargada ou mesmo ser modificada em virtude de uma descoberta ulterior (não atendo aqui à elegância resultante, de tempos a tempos, de maior clareza ou de adições úteis para toda a espécie de fins), uma vantagem /220 que

---

/ A 219, 220

nenhuma outra ciência tem ou pode ter, porque nenhuma diz respeito a uma faculdade cognoscitiva tão plenamente isolada, tão independente das outras e tão pura de mistura com elas. O momento presente também não parece desfavorável a esta minha pretensão porque, hoje, na Alemanha, quase não se sabe em que se poder ocupar, fora das ciências ditas úteis, de modo que não seja simples jogo, mas também uma ocupação mediante a qual se alcance um fim duradoiro.

Devo deixar a outros o cuidado de inventar os meios para se poderem coordenar para um tal fim os esforços dos eruditos. A minha intenção não é exigir a quem quer que seja um simples seguimento das minhas teses, ou adular-me apenas com essa esperança, mas poderiam ocorrer, segundo o caso, ataques, repetições, restrições ou também a confirmação, a adição e o desenvolvimento; contanto que a questão seja estudada a partir do fundamento, não pode agora deixar de se constituir um sistema, embora não o meu, que pode tornar-se um legado para a posteridade e suscitar o seu reconhecimento.

Seria demasiado longo mostrar aqui que metafísica importaria esperar, uma vez em ordem com os princípios da crítica e de acordo com esta /221 e como, depois de despojada da falsa plumagem, ela não surgiria por isso miserável e de menor envergadura, mas antes, em relação a outro fim, rica e decentemente dotada; contudo, outras grandes vantagens, que uma tal reforma arrastaria atrás de si, saltam imediatamente aos olhos. A metafísica comum era já útil ao investigar os conceitos elementares do entendimento puro, a fim de os tornar distintos mediante a análise e determinados por meio de explicações. Tornava-se assim uma cultura para a razão e esta poderia encontrar proveito em posteriormente recorrer ainda a ela; mas isso era todo o bem que ela fazia. Com efeito, ela aniquilava novamente este mérito ao favorecer a presunção mediante afirmações temerárias,

---

/ A 221

a sofística por meio de desvios subtis e paliativos e, pela ligeireza em esquivar-se aos problemas mais difíceis com um pouco de saber escolástico, a superficialidade, que é tanto mais sedutora quanto mais ela tem a alternativa de, por um lado, ir buscar algo à linguagem da ciência, e, por outro, à linguagem popular; e deste modo é tudo para todos mas, na realidade, nada é. Pelo contrário, mediante a crítica é garantido ao nosso juízo o padrão por cujo intermédio o saber pode com segurança ser diferenciado do falso saber; praticada plenamente na metafísica, a crítica promove /222 um tipo de pensamento que estende em seguida a sua influência benéfica a todos os outros usos da razão e inspira pela primeira vez o verdadeiro espírito filosófico. Também não deve subestimar-se o serviço que ela presta à teologia, ao libertá-la do juízo da especulação dogmática e ao pô-la em total segurança contra todos os ataques dos adversários deste género. Com efeito, a metafísica comum, embora lhe prometesse um grande socorro, não conseguia ulteriormente cumprir essa promessa e, ao chamar em socorro a dogmática especulativa, não fazia mais do que armar os inimigos contra si mesma. O misticismo, que não pode surgir numa época esclarecida, a não ser dissimulando-se por detrás de uma metafísica escolástica, sob cuja protecção pode atrever-se a delirar, por assim dizer, com a razão, é expulso pela filosofia crítica deste seu último refúgio; e, acima de tudo isso, para um professor de metafísica, não pode deixar de ser importante poder afirmar, com a aprovação geral, que o que ele expõe é finalmente uma *ciência,* sendo por esse meio prestado à coisa pública uma utilidade real.

/ A 222

GLOSSÁRIO

Allgemeinheit — generalidade, universalidade
analytisch — analítico
Anschauung — intuição
Bedingtes — condicionado
Bedingung der Möglichkeit — condição de possibilidade
Begriff — conceito
Bewusstsein — consciência
Dasein — existência
denken — pensar
Ding — coisa
Ding an sich — coisa em si
Einbildung — imaginação
Einbildungskraft — imaginação
Empfindung — sensação
Erfahrung — experiência
Erfahrungsurteil — juízo de experiência, juízo empírico
Erkenntnis — conhecimento
Erkenntnisvermögen — faculdade de conhecer
erläuternd — explicativo
Erscheinung — fenómeno
erweiternd — extensivo
Existenz — existência
Form der Sinnlichkeit — forma da sensibilidade
Gedankenwesen — seres inteligíveis
Gegenstand — objecto
Gesetzmässigkeit — conformidade a leis

Glaube, vernünftige — crença racional
Grundsatz — princípio
inner Sinn — sentido interno
intellektuelle Anschauung — intuição intelectual
Kategorie — categoria
Menschenverstand, gemein — senso comum
Menschenverstand, gesund — bom senso
Notwendigkeit — necessidade
Objekt(e) — objecto(s)
objectiv — objectivo, objectivamente
objektive Realität — realidade objectiva
Raum — espaço
reale — real
reine Anschauung — intuição pura
reine Naturwissenschaft — física pura, ciência pura da natureza
Satz, Sätze — proposição, proposições
Satz des Widerspruchs — princípio de contradição
Satz des zureichenden Grundes — princípio da razão suficiente
Schein — aparência, ilusão
sinnliche Anschauung — intuição sensível
Substanz — substância
synthetisch — sintético
transzendental — transcendental
transzendentale Ideen — ideias transcendentais
Transzendentalphilosophie — filosofia transcendental
transzendentale Schein — ilusão transcendental
transzendent — transcendente
transzendente Ideen — ideias transcendentes
Ursache — causa
Urteil — juízo
überhaupt — em geral
Vermögen — faculdade
Vernunft — razão
Verstand — entendimento
Verstandesbegriffe — conceitos do entendimento
Verstandeswesen — seres inteligíveis
Vorstellung — representação
Vorstellungskraft — faculdade representativa
Wahrnehmung — percepção
Wahrnehmungsurteil — juízo de percepção
Wille — vontade
Wirkung — efeito
Wissenschaft — ciência
Zeit — tempo
Zweck — fim

ÍNDICE